HEYNE KOCHBÜCHER

Friedrich Graupe/Sepp Koller

Delikatessen aus Unkräutern

Das Wildpflanzen-Kochbuch

WILHELM HEYNE VERLAG
MÜNCHEN

Heyne Kochbuch
07/4733

Umwelthinweis:
Dieses Buch wurde auf chlor- und
säurefreiem Papier gedruckt.

Printed in Germany 1999
Umschlaggestaltung: Atelier Ingrid Schütz, München
Umschlagfoto: Ulla Mayer-Raichle, Kempten
Rezeptfotos: Peter Lehner
Pflanzenfotos: Sepp Koller
Satz: Schaber Satz- und Datentechnik, Wels
Druck und Bindung: RMO-Druck, München

ISBN 3-453-15564-5

Inhaltsverzeichnis

Abkürzungen und Erklärungen:

EL = Eßlöffel (= 3 TL)
TL = Teelöffel
KL = Kaffeelöffel (= 2 TL)
Msp = Messerspitze
g = Gramm
kg = Kilogramm
l = Liter
cm = Zentimeter

Staubzucker = Puderzucker
Die Maßangabe »Liter« bei Beeren, Blüten etc. bedeutet: in einem Meßbecher oder Litermaß abgemessen.

Gaumenfreuden fast zum »Nulltarif«

Die Älteren unter uns werden davon erzählen können, wie sie einst in Notzeiten allerlei Wildpflanzen und Wildfrüchte sammelten, um ihren Hunger zu stillen. Sie werden sich vielleicht auch daran erinnern, daß vieles von dem, was sie in Gärten, Wäldern, an Wegrändern und auf Wiesen gepflückt hatten, ganz ausgezeichnet mundete.

Doch: Geschmackseindrücke sind vergänglich, Not leiden wir heute nicht mehr, und daher gerieten viele Rezepte aus Großmutters Küche im Lauf der Jahrzehnte in Vergessenheit. Völlig zu Unrecht, wie wir glauben. Was da wild und en masse vor der Haustür oder im Garten wächst, sind oft genug Delikatessen ersten Ranges. Und sie sind – abgesehen von den Zutaten – zum »Nulltarif« in die Küche zu holen.

In Frankreich, dem Mekka der Feinschmecker, werden Wildkräuter seit eh und je in der Küche verwendet. Um den vielbeschäftigten Köchen jedoch das zeitaufwendige Sammeln zu ersparen, sind Gärtner daran gegangen, beispielsweise Sauerampfer, Löwenzahn und Brunnenkresse im großen Stil zu ziehen und auf den Märkten anzubieten. Die Chefs von Spitzenlokalen, wie dem »Tour d'Argent« oder »Laserre«, machen von dem Angebot regen Gebrauch. Und was ein französischer Koch ist, der auf sich hält, wird selbstverständlich Brennesseln für den Cremespinat verwenden.

Auf der Speisekarte steht dieses Wort freilich nicht: es könnte die Gäste abschrecken, weil viele der irrigen Ansicht sind, diese Pflanze würde auf der Zunge brennen …

Der »Trend zum Unkraut« hat inzwischen auf den deutschen Sprachraum übergegriffen. Man findet bisweilen Brennesseln auf den Märkten, wenngleich zu horrenden Preisen, und einige Gastronomen haben sich auf die Verwendung von Wildkräutern spezialisiert.

Wir sind in diesem Buch, was die Fülle an gebotenem Material betrifft, weit über das hinausgegangen, was bisher an Wildkräuter-Rezepten veröffentlicht wurde. Wir haben selbstverständlich alle hier empfohlenen Speisen gekocht und für weiterempfehlenswert befunden. Vieles davon hat uns selbst überrascht: Wer hätte gedacht, daß das Stengelmark der Kletten eine Delikatesse ist; daß die Knospen von Gänseblümchen, in Essig eingelegt, wie Kapern schmecken; daß sich selbst aus den Blättern von Disteln ein exzellentes Gemüse herstellen läßt? Ganz zu schweigen von Köstlichkeiten, wie in Teig gebackenen Brennesselblättern, Rouladen mit Huflattichblättern, dem Salat mit Vogelmiere oder den gedünsteten Wurzeln des Beinwells.
Genug des Schwärmens – versuchen Sie es selbst!

Plädoyer für das »Unkraut«

Dem Wortsinn entsprechend wäre »Unkraut« ein Nicht-Kraut – was natürlich völliger Unsinn ist. In fast allen Lexika findet man übereinstimmend die Definition, daß »Unkräuter« den Nutzpflanzen Konkurrenz machen, sie verdrängen, ihnen den Lebensraum nehmen und Schädlinge übertragen.

Unbeachtet und unerwähnt bleibt, daß viele der sogenannten »Unkräuter« mineralstoff- und vitaminreiche Gemüse- und Würzpflanzen sowie wichtige Heilkräuter sind.

Daran zeigt sich, wie sehr die lexikalische »Weisheit« von jenem anthropozentrischen, rein auf den Menschen bezogenen Denken geprägt ist, das uns in die triste und sorgenbereitende Umweltsituation von heute gebracht hat. Immer nach der Devise: »Gut ist, was uns Menschen nützt, schlecht ist, was uns schadet!« Wobei hinzuzufügen wäre: *vermeintlich* schadet, weil wir den Nutzen überhaupt erst bruchstückhaft erkannt haben.

So beklagen heute Botaniker die voranschreitende Ausrottung mancher »Unkräuter«, von denen noch gar nicht erforscht ist, ob sie nicht wichtiges genetisches Material für die Züchtung neuer Getreide- und Gemüsepflanzen liefern könnten. Ein Beispiel: Jahrelang war eine amerikanische Expedition unterwegs, um in Mexiko die Wildform des Mais zu finden, die einst von den Indianern genutzt wurde. Schließlich ist dies unter Mühen gelungen. Das Pflanzenmaterial wurde in einer Genbank für spätere Zwecke konserviert. Ein Beispiel für extreme Seltenheit, das hoffentlich ein Beispiel bleiben wird.

Liest man in den Lexika weiter, findet sich im Gegensatz dazu fast anklagend die Erwähnung, daß »Unkräuter« ihr häufiges Vorkommen der reichen Samenerzeugung verdanken. So produziert etwa der mit dem Wermut verwandte Beifuß pro Pflanze bis zu 70.000 Samenkörner. Wieder steht nichs davon geschrieben, daß der Beifuß, auch Gänsekraut genannt, eine wohlschmeckende Gewürzpflanze und ein bedeutsames Heilkraut ist.

Dem Nützlichkeitsprinzip folgend, werden heute Millionen Tonnen an Unkrautvernichtungsmitteln, Herbiziden, verstreut und versprüht. Dies hat zu einer eklatanten Verarmung der europäischen Flora geführt. So sind in den intensiv genutzten Agrargebieten – man nennt sie inzwischen Kultursteppen – nicht einmal mehr Kornblumen zu finden, die Kindheitsfreude der heute Erwachsenen, kaum noch Ackersenf und Löwenzahn. Dort verhungern sogar die Feldhasen, finden selbst Hamster und Feldmaus keine Überlebenschance mehr.

Die armen Bewohner der Kultursteppen werden es schwer haben, in diesem Buch Konkretes für ihren Speisezettel zu finden, weil viele der beschriebenen Wildpflanzen in ihrem unmittelbaren Lebensbereich nicht mehr existieren. Die Autoren trösten sich mit der Hoffnung, daß sich die Wildvegetation durch wachsendes Umweltbewußtsein und weniger Gifteinsatz allmählich erholen wird.

Vor unsinnigem Treiben waren auch die Menschen vergangener Tage nicht gefeit. So wurde beispielsweise im 18. Jahrhundert eine Ausrottungskampagne für das Gänseblümchen ausgerufen. Damals war man nämlich der völlig irrigen Ansicht, die liebliche Pflanze sei ein wirksames Mittel für Abtreibungen. Auf der Strecke blieb die viel ältere Erkenntnis, daß Gänseblümchen nicht nur eßbar sind, sondern auch gute Heilwirkung haben.

Dem aufmerksamen Leser wird kaum entgehen können, daß die vorliegende Rezeptsammlung ein einziges Plädoyer für das »Unkraut« ist. So mancher wird jedoch einwenden: Heckenrosen, Schlehdorn und Sauerampfer sind dafür nicht unbedingt typisch. Richtig.

Um aber der Thematik möglichst ausführlich gerecht zu werden, haben wir den Begriff »Unkraut« sehr weit gefaßt. Wir verstehen darunter Pflanzen, die der modernen Agrar- und Forstwirtschaft im Wege stehen, weil sie angeblich wichtigere Nutzpflanzen behindern. Wir meinen damit auch Kräuter, die in früheren Zeiten viel und gern genutzt wurden, längst aber nur noch als »Nicht«-Kräuter diffamiert werden. Viel Wissen ist verlorengegangen, Großmutters Rezeptbücher verstauben in den Schubladen, die Supermarkt-Angebote haben die kulinarischen Sitten von Grund auf verändert. Wir wollen den alten, vergessenen Kenntnissen wieder auf die Sprünge helfen.

Lieber aufessen, statt mit Gift ausrotten!

Im »Zeitalter der Chemie« kommt es vor, daß Gartenbesitzer schon beim Anblick einer Löwenzahnblüte oder einer simplen Brennessel fast in Panik geraten und in den Gifttopf greifen, um die verhaßten Unkräuter auszumerzen. Dies entspricht dem viel propagierten Hang zum englischen Rasen, der in Mitteleuropa zumeist aus klimatischen Gründen ohnedies nicht recht gedeihen will. Und wenn, dann nur um den Preis teurer Chemikalien, vielen Gießwassers und energieverzehrenden Mähens alle paar Tage.

Viele Naturschutzverbände, insbesondere der World-Wildlife-Fund-Schweiz, propagieren seit langem den naturbelassenen Garten ohne Unkraut-Ex; – ein Trend, der unserem Plädoyer für Wildpflanzen in höchstem Maße entspricht. So zieht sich wie ein roter Faden die Devise durch dieses Buch: »Lieber aufessen, statt mit Gift ausrotten!« Lassen Sie die Kräuter wachsen, wie sie wollen, und holen Sie welche in die Küche, wann immer Sie Freude und Lust dazu verspüren. Es ist zwar nur eine Hoffnung, aber vielleicht läßt sich über den Umweg »Delikatessen aus Unkräutern«, über den Umweg Gaumen früher oder später ein schonenderer Umgang mit der Natur erreichen. Wer einmal Frühlingssalat aus den Blättern von Gänseblümchen, Breitwegerich und Vogelmiere zubereitet hat, wird ermessen können, was ihm bisher an Wohlgeschmack entgangen ist.

Fast ein Überlebens-Trainingsbuch

Interessant ist, daß beim Überlebenstraining verschiedener Spezialeinheiten in unseren Tagen zunehmend auf Wildpflanzen zurückgegriffen wird. Im US-Army-Survival-Handbuch (Wien-Stuttgart 1982) taucht beispielsweise der Hinweis auf, daß selbst Huflattich eßbar ist. Mit gutem Grund – freilich anders zubereitet – ist auch diese Pflanze als wahre Delikatesse bei uns aufgeführt.

Die Lektüre der Rezepte kann sehr rasch klarmachen, wieso Überlebensstrategien auf dem Grundsatz »Eßbares aus freier Natur« basieren: Ein paar Wurzeln von Löwenzahn und Pastinake einfach in den Wassertopf am Lagerfeuer geworfen und weich gekocht; dann ein paar Blätter von Brennessel und Distel dazu, als Würze vielleicht Quendel und Gundelrebe – und schon ist eine wohlschmeckende Suppe fertig.

... und gesund sind sie auch noch!

Es wird manchen erstaunen, daß die meisten in der Küche verwendeten und wohlschmeckenden Wildpflanzen zugleich auch wichtige Heilkräuter sind. Nur werden sie dann anders angewandt, meist getrocknet als Tee.

Den gesundheitlichen Aspekt haben wir in diesem Buch nur gestreift, uns geht es in erster Linie um die Gaumenfreuden. Deshalb sind wir nach dem Motto verfahren: Diese Wildpflanzen schmecken ausgezeichnet – und gesund sind sie auch noch! Dafür bürgen hoher Gehalt an Mineralstoffen und Vitaminen.

Grundsätzlich hat sich erwiesen, daß Wildpflanzen bekömmlicher sind als die in gedüngten Böden gezogenen Gemüsesorten, so schön diese auch aussehen mögen. Dafür gibt es ein eindrucksvolles Beispiel. Spinat und andere Blattgemüse – des Gewichtes wegen, um möglichst große Blätter zu erzielen, auf stark stickstoffreichem Erdreich gepflanzt – lösen bei Kindern und empfindlichen Erwachsenen schwere Verdauungsstörungen aus. Die Ursache dafür ist längst klar: Das im Gemüse angereicherte Nitrat wandelt sich im menschlichen Körper zu giftigem Nitrit um. Und so kam es, daß unter diesen Umständen die klassische Kleinkinderkost Spinat alles andere als gesund ist und Baby-Fertignahrung heute besonders streng auf Nitratrückstände kontrolliert wird. Weniger kontrolliert wird aber, was sonst noch an Blattgemüsen auf den Märkten angeboten wird.

So sah sich der bekannte Linzer Botaniker Richard Willfort schon vor vielen Jahren in seinem Buch »Gesundheit durch

Heilkräuter« zu folgendem Rat veranlaßt: Handelsübliche Spinatblätter sollten zu gleichen Teilen mit Brennesselblättern gemischt werden, um Verdauungsstörungen zu vermeiden. Und Willfort vermerkt am Schluß: »Wir erhalten dadurch einen viel bekömmlicheren und dabei wohlschmeckenden Spinat.« Dem ist nur hinzuzufügen, daß diese Eigenschaften auch für viele andere Wildgemüse zutreffen.

Wie ist dieses Buch aufgebaut?

Dieses Buch ist den Jahreszeiten entsprechend aufgebaut. Daher kommt es in diesem Führer quer durch die Palette eßbarer Unkräuter aus klimatischen und geographischen Gründen zu Überschneidungen.

Ein Feinschmecker, der beispielsweise Ende Mai aus dem Flachland ins Gebirge kommt, hat vermutlich schon die erste Brennesselsaison hinter sich und wird sich wohl schon an den Holunderblüten gütlich getan haben, während im Hochland gerade erst der Löwenzahn »erntereif« ist.

Aus diesem den Jahreszeiten entsprechenden System ergibt sich auch, daß in unserem Buch Holunderblüten und Holunderbeeren getrennt voneinander besprochen werden.

Wichtig! Die Pflanzen erkennen

Viele Pflanzen, die in diesem Buch beschrieben werden, dürften den meisten Lesern vom Aussehen her so gut bekannt sein, daß sich eine botanische Erläuterung erübrigt hätte. Wir haben dennoch auch bei ihnen die charakteristischsten Merkmale angeführt. Die weniger bekannten Wildpflanzen haben wir sehr genau beschrieben. Sollte dennoch ein Zweifelsfall auftreten, so bitten wir Sie, zusätzlich ein einschlägiges Pflanzenbestimmungsbuch zu Rate zu ziehen. *Denn ebenso wie für*

Wildpilze gilt auch für Wildkräuter der eherne Grundsatz: Was nicht ganz genau identifiziert wurde, davon sind die Finger zu lassen.

Um allen Zweifeln vorzubeugen, haben wir hier mit voller Absicht alle jene eßbaren Wildpflanzen ausgeklammert, bei denen auch nur die geringste Gefahr einer Verwechslung mit Giftpflanzen besteht. Das Risiko wollen und können wir nicht eingehen.

Es ist erwiesen, daß selbst botanisch Vorgebildete beispielsweise den ausgezeichneten Wiesenkerbel mit dem giftigen Wasserschierling verwechselten. Und durch einen Aufguß aus den Samen des Schierlings ist bekanntlich Sokrates gezwungenermaßen aus dem Leben geschieden. Deshalb werden Sie Wiesenkerbel in diesem Buch vergeblich suchen.

Nur in einem Fall mußten wir unser Prinzip durchbrechen. Auf ein Unkraut mit giftigem Doppelgänger wollten wir nicht verzichten: Auf den für die Küche so wichtigen Bärlauch oder Wilden Knoblauch. Dieses in Massen vorkommende Wildgemüse ist manchem vielleicht auch als Spinatersatz bekannt. Dem Bärlauch macht das ebenso beliebte Maiglöckchen »giftige Konkurrenz«, wenngleich es schon mit dem Teufel zugehen müßte, damit es zu einer Verwechslung kommt. Vorweg sei gesagt: Die Maiglöckchenblätter erscheinen erst, wenn der Bärlauch bereits in Blüte steht. Und vor allem: Maiglöckchenblätter riechen nicht, die des Bärlauchs aber intensiv und unverwechselbar nach Knoblauch.

Mit voller Absicht empfehlen wir auch nur jene Pflanzen für die Küche, die fast überall und im Überfluß vorhanden sind. Zu Recht könnte uns sonst der Vorwurf treffen, wir würden Menschen zum Sammeln seltener Kräuter animieren und dadurch zu deren Ausrottung beitragen. So wäre es beispielsweise unverantwortlich, die Zubereitung von Enzianschnaps zu beschreiben, wo doch jedes Kind weiß, daß alle Enzianarten unter Naturschutz stehen.

In dieser Rezeptsammlung wird vielfach empfohlen, Blätter und Triebe vor der Blütezeit der Pflanzen zu ernten, weil diese dann am schmackhaftesten und zartesten sind. Zur zweifelsfreien Identifizierung ist es ratsam, das Sammeln weniger bekannter Pflanzen um eine Saison zu verschieben, die Blütezeit abzuwarten und sich vor allem die Merkmale der Blätter genau einzuprägen. Im nächsten Jahr sollte es dann mit dem Erkennen keine Schwierigkeiten geben.

Ideal wäre es natürlich, mit einem Experten Sammelwanderungen zu unternehmen oder eine jener Kräuterführungen mitzumachen, die heute in vielen Urlaubsorten veranstaltet werden. Es hilft schon entscheidend weiter, eine ganze Anzahl eßbarer Pflanzen kennenzulernen.

Ziehen Sie Ihre Nase zu Rate

Mehr noch als beim Pilzesuchen spielt beim Pflanzensammeln die Nase eine wichtige Rolle. Es gibt kein in der Küche verwendbares Wildkraut, das in rohem Zustand unangenehm oder penetrant riecht, wenn man ein Blatt davon zwischen den Fingern zerreibt. Ein untrügliches Zeichen zur Identifizierung ist ein indifferenter bis stark würziger Geruch.

Thema Umweltbelastung

Obwohl unsere gesamte Umwelt mehr oder weniger durch Schadstoffe aus der Atmosphäre belastet ist, sollten die Pflanzen für die Küche nach Möglichkeit von Standorten gesammelt werden, die nicht noch zusätzlich durch Spritzmittel, Staub und Abgase geschädigt sind. Wir sammeln in Auen, Wäldern, auf Bergwiesen, in abgelegenem Ödland; in den Tallagen auf Wiesen ohne Kunstdüngung. Deutliches Merkmal für eine halbwegs intakte Natur ist das Vorhandensein einer vielfältigen Vegetation und das Vorkommen von Insekten und Schmetterlingen. Der Pesthauch des Autoverkehrs belastet natürlich nicht nur Kulturpflanzen erheblich etwa durch Bleiablagerungen; auch jene Wildkräuter, auf die wir es abgesehen haben, sind bereits vielfach verseucht. Darauf sollten Sie achten: Hundert bis zweihundert Meter links und rechts von Autobahnen und Hauptverkehrsstraßen sind die Wiesen für Ihre Sammeltätigkeit tabu.

Im Normalfall lassen sich Staub und Bleirückstände auf Blattpflanzen durch mehrmaliges gründliches Waschen entfernen. Sofern Ihr Garten nicht unmittelbar an einer vielbefahrenen Straße liegt, können Sie durchaus das Pflanzenmaterial vor der Haustür verwenden.

Pflanzensammeln, aber richtig

Naturgemäß betreffen die wichtigsten Hinweise in dieser Einleitung das Sammeln der Unkräuter. An Werkzeug brauchen wir dafür nicht viel. Ein luftiger Korb, Messer und Schere genügen, zum Wurzelgraben ein kleiner Handspaten oder ein Unkrautstecher, wie er im Garten verwendet wird.

- Blätter, Triebe und Blüten werden am besten in den Vormittagsstunden nach dem Abtrocknen des Taus geerntet.
- Nehmen Sie nach Möglichkeit nur junge Pflanzen. Bei älteren Pflanzen nur die Triebe und die Herzblätter verwenden.
- Unkräuter, die wenige Stunden später in der Küche verarbeitet werden, dürfen auch feucht bis naß sein und zum Frischhalten beim Transport mit Wasser bespritzt werden.
- Für die Konservierung, das Trocknen oder das Einlegen in Öl und Essig darf das Pflanzenmaterial keinesfalls naß geerntet und transportiert werden.
- Trachten Sie, die Pflanzen so frisch wie möglich in der Küche zu verwerten.

- Dies allerdings mit einer Einschränkung: Manche Kräuter entwickeln ihr Aroma erst so richtig, wenn sie einige Stunden liegen und abgewelkt sind. Etwa der Waldmeister und der Beifuß.
- Nur gesunde Pflanzen ernten! Blätter, die Pilzbefall zeigen oder fleckig sind, sollten nicht genommen werden, weil es einige mikroskopisch kleine Pilze gibt, die im Verdacht stehen, Magenbeschwerden zu verursachen.
- Größte Sauberkeit ist zu empfehlen. Wenn möglich sollten die Pflanzen und Pflanzenteile gleich an Ort und Stelle gereinigt und verlesen werden.
- Der Transport erfolgt in Körben oder luftigen Taschen, keinesfalls in Plastiksäckchen.
- Eine Ausnahme gibt es: Brunnenkresse wird im Wasser transportiert und muß auch in der Küche in einem Behälter mit Wasser aufbewahrt werden. Denn vertrocknet schmeckt das würzige Kraut nach nichts mehr.

Eine altüberlieferte Erfahrungstatsache professioneller Kräutersammler wird oft nur mitleidig belächelt: Daß nämlich zum Trocknen vorgesehene Grünpflanzen, wie etwa Gundelrebe, Geißfuß oder Pastinake, am besten bei zunehmendem Mond gesammelt werden sollen. Die Skepsis scheint unangebracht, was jeder feststellen wird, der sich nach dem Mondkalender richtet. Das Aroma der Pflanzen hält länger, und die Blätter bewahren auch nach dem Trocknen für lange Zeit ihr grünes Aussehen. Es scheint dies mit den bis heute noch nicht ganz erforschten Vorgängen im Lebensrhythmus der Pflanzen zusammenzuhängen.

Ebenso wie die Anwendung vieler Blattpflanzen nicht mehr im Bewußtsein der Menschen ist, weiß auch kaum noch jemand, wie ausgezeichnet die Wurzeln mancher Wildpflanzen schmecken. Wiesenbocksbart und Pastinake sind dafür gute Beispiele. Das Ausgraben der Wurzelstöcke macht zwar Mühe, weil die Pflanzen oft auf hartem, steinigem Boden stehen, es lohnt jedoch wahrhaft. Nur eines: Falls Sie größere Mengen davon sammeln wollen, bitten Sie auf jeden Fall den Grundbesitzer um Erlaubnis. Es würde Naturfreunden nicht gut anstehen, wenn sie im Sammeleifer ganze Wiesen umackern.

Die Kostprobe aufs Exempel

Manche der hier behandelten Wildgemüse und Würzkräuter schmecken recht intensiv und werden möglicherweise nicht jedermanns Geschmack treffen. Ebenso wie es Leute gibt, die beispielsweise Majoran, Dill oder Lorbeer nicht mögen. Mit einem einfachen Test, der Probe aufs Exempel, können Sie leicht feststellen, ob ein Wildkraut Ihrem Gaumen entspricht.

- Milde Kräuter werden kurz in Salzwasser weich gekocht, abgetropft und mit brauner Butter übergossen verkostet.
- Oder: Dünsten Sie ein paar Blätter zwei, drei Minuten lang in heißer Butter, salzen Sie diese und probieren Sie.
- Stark schmeckende Würzpflanzen wie Gundelrebe, Pastinake, Dost oder Quendel sollten am besten fein gehackt auf ein Butterbrot gestreut verkostet werden. Die dabei frei werdenden ätherischen Öle zeigen ganz deutlich die Geschmackscharakteristik – unabhängig davon, ob die Pflanzen später in frischem oder getrocknetem Zustand verwendet werden.

Aus reicher Erfahrung läßt sich sagen: Nach solchen Tests sind noch die meisten »Versuchspersonen« zu begeisterten Fans von wildem Hopfen, Brennesseln, Pastinaken und wilden Wurzeln geworden.

Wichtige Küchentips

Vegetarisches, Hausmannskost, aber auch Rezepte aus der luxuriösen »Großen Küche« – für jeden wird in diesem Buch etwas zu finden sein. Es hätte den Rahmen freilich bei weitem gesprengt, hier alle Grundbegriffe der Küchenpraxis zu erläutern. Routinierte Hausfrauen oder kochende männliche Feinschmecker werden jedoch mit unseren Anweisungen keinerlei Schwierigkeiten haben – zumal eine alte Weisheit besagt: Am besten gelingen jene Speisen, bei denen man sich nicht sklavisch ans Rezept gehalten hat.

Dennoch scheinen uns einige Erläuterungen für die Kräuterküche angebracht.

- Falls sie planen, Wildgemüse für mehrere Personen zuzubereiten, sammeln Sie nicht zu wenig Pflanzenmaterial. Junge Triebe und Blätter verlieren beim Kochen sehr viel an Volumen. So braucht es etwa 1,8 kg Brennesseln, um 1 kg Brennesselspinat herzustellen. (Von würzigen Pflanzen genügen natürlich ein Paar Handvoll, oft nur wenige Stengel.)
- Alle Pflanzen, vor allem solche für Salate, sind mehrmals gründlich unter fließendem Wasser zu waschen und abzutropfen, besser noch: in einem Küchentuch trockenzuschleudern.
- Würzige Kräuter – übrigens auch alle Gartenkräuter – sollten stets auf einem befeuchteten Brett geschnitten oder gehackt werden. Auf einem trockenen Küchenbrett würde viel von den Geschmacksstoffen verlorengehen, weil sich die ätherischen Öle ins Holz einsaugen.
- Es gibt viele Wildpflanzen mit herb-bitterem oder scharfem Eigengeschmack, der in dieser Intensität nicht jedermanns Sache ist. Zum Mildern empfehlen wir eine einfache Methode: Die grob geschnittenen Blätter werden für einige Minuten in lauwarmes Salzwasser gelegt und danach mit kaltem Wasser abgespült. Spitzwegerich, Breitwegerich, Barbarakraut und Ackersenf sind möglicherweise jene Pflanzen, bei denen dies nötig sein könnte, wenn sie nicht sehr jung gepflückt wurden.
- Im Zusammenhang mit Kartoffeln scheint folgender Hinweis wichtig: Für die Salatrezepte sollten »speckige« Kar-

toffeln verwendet werden, für Saucen und Suppen »mehlige« Sorten.

- Wenn **Gemüsebrühe** vorgeschrieben wird, was sehr oft der Fall ist, empfehlen wir das folgende Rezept.

In jeweils 1 l Wasser werden bei kleiner Flamme weich gekocht:

1 Möhre (Karotte) in Stücke geschnitten
1 weiße Rübe (oder statt dessen 2 Möhren)
1 mittelgroße Zwiebel, geviertelt
1 Stück Lauch (Porree), 10 cm lang, quer durchgeschnitten
1 Stück Sellerieknolle
1 Stück Petersilienwurzel
2 bis 3 Wacholderbeeren
1 kleines Stück Lorbeerblatt
einige Pfefferkörner
(beliebig frische Blätter von Sellerie, Petersilie, Kohlrübe oder auch ein Stück geschälte Kohlrübe)

Die Gemüsebrühe wird, sobald die Zutaten kernig bis weich sind, durch ein Sieb in einen Topf gegossen und abgekühlt. (Die Gemüsebrühe kann auch tiefgekühlt werden.) Sie hält sich einige Tage im Kühlschrank frisch. Die Gemüse können für Saucen und Suppen weiter verwendet werden, nachdem die Gewürzkörner entfernt wurden.

SO SIND DIE PFLANZEN IN DER KÜCHE ANWENDBAR

	WÜRZE	SALATE	SUPPEN + SAUCEN	GEMÜSE BLÄTTER	GEMÜSE WURZEL	ALKOHOLIKA	MARMELADEN SIRUP
ACKERSENF	•	•	•	•			
BÄRLAUCH	•	•	•	•			
BABARAKRAUT		•	•	•			
BEIFUSS	•	•	•	•		•	
BEINWELL		•	•	•	•		
BRENNESSEL		•	•	•		•	
BRUNNENKRESSE		•	•	•			
DOST	•		•	•			
ESELSDISTEL			•	•	•		
GÄNSEBLÜMCHEN		•	•	•			
GEISSFUSS (GIERSCH)	•	•	•	•			
GUNDELREBE	•	•	•	•			
GUTER HEINRICH		•	•	•			
HAGEBUTTEN HECKENROSE			•			•	•
HIRTENTÄSCHEL		•	•	•			
HOLUNDERBEEREN			•			•	•
HOLUNDERBLÜTEN						•	•
HOPFENSPROSSEN		•	•	•			
HOPFENZAPFEN						•	
HUFLATTICH		•	•	•			
KLETTE		•	•	•	•		
LÖWENZAHNBLÄTTER		•	•	•			
LÖWENZAHNBLÜTEN						•	•
MELDE		•	•	•			
NATTERNKOPF		•	•	•			
OCHSENZUNGE		•	•	•			
PASTINAKE	•	•	•	•	•		
QUENDEL	•	•	•	•			
SAUERAMPFER		•	•	•			
SCHAFGARBE	•	•	•	•		•	
SCHLEHDORNFRÜCHTE						•	•
SCHLÜSSELBLUME		•	•	•			
VEILCHEN	•	•				•	•
VOGELMIERE		•	•	•			
WALDMEISTER						•	•
WEGERICH		•	•	•		•	
WIESENBÄRENKLAU	•	•	•	•			
WIESENBOCKSBART		•	•	•			
WIESENKNÖTERICH	•	•	•				

EIN SAMMELKALENDER AUF EINEN BLICK FÜR 36 WILDPFLANZEN

	Sammelgut	JANUAR	FEBRUAR	MÄRZ	APRIL	MAI	JUNI	JULI	AUGUST	SEPTEMBER	OKTOBER	NOVEMBER	DEZEMBER	Sammeltips für die Küche
ACKERSENF	KRAUT				X	X	(X)							
BÄRLAUCH	KRAUT			X	X	X								vor der Blüte
	ZWIEBEL								X	X	X	X	X	nach dem Verwelken der Blätter
BARBARAKRAUT	KRAUT		(X)	X	X	(X)					X	X	(X)	vor der Blüte
BEIFUSS	KRAUT							(X)	X	(X)				blühendes Kraut
BEINWELL	KRAUT			(X)	X	X	X							vor der Blüte
	WURZEL		(X)	X	(X)						(X)	X	X	
BRENNESSEL	KRAUT			X	X	X	(X)							junge Blätter fast das ganze Jahr
	SAMEN						(X)	X	X	X				
BRUNNENKRESSE	KRAUT		(X)	X	X	(X)						(X)	(X)	vor der Blüte junge Blätter
DOST	KRAUT					(X)	(X)							
	BLÜTE						(X)	X	(X)					
ESELSDISTEL	KRAUT					X	X	(X)						vor der Blüte
	WURZEL			X	X	(X)								
GÄNSEBLÜMCHEN	KRAUT		(X)	X	X	X	X	X	X	X	X	X	(X)	fast das ganze Jahr
	BLÜTE		(X)	X	X	X	X	X	X	X	X	X	(X)	
GEISSFUSS/GIERSCH	KRAUT			(X)	X	X	(X)							junge Triebe die ganze Vegetationsperiode
GUNDELREBE	KRAUT			(X)	X	X								junge Blätter für Rohkostsalate usw.
	BLÜTE				X	X	X	X	(X)					Blüte mit Kraut zum Trocknen
GUTER HEINRICH	KRAUT				X	X								junge Triebe vor der Blüte
														möglich bis September
HAGEBUTTEN	FRUCHT										X	X		nach dem ersten Frost
HECKENROSE	BLÜTE					(X)	X	X	(X)					
HIRTENTÄSCHEL	KRAUT			X	X	X	(X)							vor der Blüte
HOLUNDER	BLÜTE					(X)	X							
	BEEREN									X	(X)			
HOPFEN	TRIEBE				X	X	(X)							
	ZAPFEN								(X)	X	X			
HUFLATTICH	BLÜTEN		(X)	X	X									Blüten für Tee
	BLÄTTER			(X)	X	X								junge Blätter während und nach der Blüte
KLETTE - GROSSE	TRIEBE					X	X	(X)						vor der Blüte
	WURZEL			X	X	(X)					X	X		
LÖWENZAHN	BLÄTTER		(X)	X	X	(X)								vor der Blüte
	BLÜTEN					X	X							
MELDE	KRAUT					(X)	X	X						junge Pflanzen fast die ganze
														Vegetationszeit
NATTERNKOPF	KRAUT					X	X							junge Pflanzen vor der Blüte
OCHSENZUNGE	KRAUT				(X)	X	X	(X)						junge Pflanzen vor der Blüte
PASTINAKE	KRAUT			X	X	X	(X)							junge Pflanzen vor der Blüte
	WURZEL		(X)	X	(X)						(X)	X	X	Wurzel nach Frost
QUENDEL	KRAUT					(X)	X	X						das blühende Kraut
	+ BLÜTE					(X)	X	X						
SAUERAMPFER	BLÄTTER			(X)	X	X	(X)							Blätter und Triebe
	+ TRIEBE			(X)	X	X	(X)							vor der Blüte
SCHAFGARBE	BLÄTTER			(X)	X	X	X							Blättchen und junge Triebe
	BLÜTEN						X	X	X					Blüten mit Blätter (Trocknen)
SCHLÜSSELBLUME	BLÄTTER			X	X	X								junge Blätter

EIN SAMMELKALENDER AUF EINEN BLICK FÜR 36 WILDPFLANZEN

	Sammelgut	JANUAR	FEBRUAR	MÄRZ	APRIL	MAI	JUNI	JULI	AUGUST	SEPTEMBER	OKTOBER	NOVEMBER	DEZEMBER	Sammeltips für die Küche
SCHLEHDORN	FRÜCHTE										x	(x)		nach dem ersten Frost
VEILCHEN	BLÄTTER			x	x									
	BLÜTEN			x	x									
VOGELMIERE	KRAUT		(x)	x	x	x	x	x	x	x	x	x	(x)	junge Pflanzen fast das ganze Jahr
WALDMEISTER	KRAUT			x	x									vor und während der Blüte
WEGERICH	BLÄTTER			(x)	x	x								junge Blätter
WIESENBÄRENKLAU	KRAUT				x	x	x							junge Pflanzen vor der Blüte
WIESENBOCKSBART	KRAUT				(x)	x	x							
	WURZEL										x	x		
WIESENKNÖTERICH	KRAUT				(x)	x	x							Blätter und Sprossen vor der Blüte

Auch die Wurzeln schmecken ausgezeichnet – Aus den Blüten läßt sich Süßes machen:

Löwenzahn, das Salatwunder

Botanischer Name: **Löwenzahn**

Lat.: Taraxum officinale

Volksnamen:
In Deutschland: Kuhblume, Butterblume, Feldblume, Bärenzahnkraut, Sonnenwurzel, Pferdekraut, Kettenblume, Pusteblume

In Österreich: Kuhblümel, Milchdieb, Milchbleaml, Saublume, Seichkraut, Soachbleaml, Röhrlkraut, Popenblume, Mönchsblume, Wilde Zichorie

In der Schweiz: Saublume, Hundszunge, Mistfink, Kuhblume, Guguche, Weiefäcke, Pusteblume, Chüngelichrut, Sonnenwirbel

Botanische Merkmale: Die allseits bekannte Korbblüterpflanze hat ihren Namen vermutlich daher, daß die gezähnten Blätter einem Löwen- oder Raubtiergebiß ähneln. Zwischen März und Oktober erscheinen die an einem hohlen, milchigen Stengel sitzenden Blüten, aus denen sich binnen weniger Tage die fallschirmähnlichen Samen bilden, an deren Wegblasen die Kinder ihre Freude haben. Charakteristisch ist die pfahlförmige Wurzel.

Standort: In ganz Europa bis über 2000 Meter Höhe. Heute auf Kulturflächen durch jahrelangen Herbizideinsatz selten geworden, massenhaft jedoch auf Wiesen und in Naturgärten.

Verwendung in der Küche: Die vitaminreichen Blätter sind im Frühjahr ab März am zartesten und können auf vielerlei Weise zu wunderbaren Salaten verwendet werden. Als »Röhrlsalat« ist Löwenzahn in der Steiermark geradezu legendär.

Die Blüten, aus denen sich ein von Bienenhonig kaum unterscheidbarer Honig und andere Süßigkeiten herstellen lassen, werden je nach Höhenlage und Klima von April bis Juli gesammelt. *Die Wurzeln* das ganze Jahr über. Sie sind im Winter kaum bitter, eher süßlich. Wen die Bitterkeit der Blätter stört, der kann diese zum »Mildern« 15 Minuten in eine leichte Kochsalzlösung legen und danach mit viel Wasser abspülen.

Gesundheitlicher Aspekt: Bis zum 15. Jahrhundert dürfte die inzwischen klinisch nachgewiesene Heilkraft des Löwenzahns nicht bekannt gewesen sein. Danach wurde er wegen seiner harntreibenden und die Gallensekretion fördernden Wirkung allgemein verwendet. Darauf verweisen deftige Volksausdrücke wie »Soachbleaml« (Soachen ist in Österreich ein volkstümliches Wort für Harnlassen), aber auch der französische Name »Pissenlit« (Mach ins Bett). Die Blätter enthalten viel Provitamin A, die Vitamine B und C sowie Mineralsalze, Gerbstoffe und Bitterstoffe. Die Wurzeln enthalten Inulin (nicht Insulin!), eine Substanz, die für Zuckerkranke von Vorteil ist, da sie deren Stoffwechsel nicht belastet.

Steirischer Röhrlsalat

Das ist eine der besten Zubereitungsarten; leider ist sie außerhalb des österreichischen Bundeslandes Steiermark nur wenig bekannt.

Für 4–6 Personen:

300 g Löwenzahnblätter
1 kg Kartoffeln
1 Knoblauchzehe
(oder kleine Zwiebel)
Most- oder Apfelessig
Salz
Pfeffer
3 EL Kernöl (aus Kürbiskernen
kalt gepreßtes Öl)

Die gut gewaschenen Löwenzahnblätter klein schneiden und durch Schwenken in einem Tuch trocknen, dann in eine Schüssel geben. Die Kartoffeln kochen, schälen, blättrig schneiden und so heiß wie möglich über den Löwenzahn schichten. Zehn Minuten ziehen lassen. Nach Geschmack Essig mit Wasser verdünnen, die Marinade mit Salz und Pfeffer bereiten. Den klein gehackten Knoblauch (oder die Zwiebel), die Marinade und das Kernöl über den Salat gießen, durchmischen und nochmals kurz ziehen lassen. Röhrlsalat kommt noch lauwarm auf den Tisch und wird klassischerweise als Fastenspeise, mit hart gekochten Eiern garniert, nach gebundenen Suppen gegessen, heute auch zu Fleischgerichten.

Löwenzahnsalat mit Speck

Für 4 Personen:

200 g junge Löwenzahnblätter
100 g durchwachsener Speck
(oder geräuchertes Bauchfleisch)
Salz
Pfeffer
Zucker
Essig
1 Zwiebel

Die sauber verlesenen Blätter waschen und abtropfen lassen, mit Marinade aus wenig Wasser, Essig, Salz, Zucker gut durchmischen und pfeffern. Den Speck kleinwürfelig schneiden und in einer Pfanne auslassen, bis er leicht braun ist. Mit dem Fett über den Salat gießen. Mit Zwiebelringen garnieren.

Löwenzahnwurzeln gedünstet

Für 4 Personen:

100 g frische Löwenzahnwurzeln
1 EL Butter
1 kleine Zwiebel
$^1/_8$ l klare Gemüse- oder Rindsbrühe

Die Wurzeln putzen und feinblättrig schneiden. Mit der klein gehackten Zwiebel in Butter 5 bis 6 Minuten auf kleiner Flamme dünsten. Die Suppe zugießen, weiterdünsten, bis alles fast verkocht ist. In Kartoffelsalat, Endivien- oder Rapunzel(Feld-, Vogerl)salat mischen.

Röhrlsalat gedünstet

Löwenzahnpflanzen mit 1 cm der Wurzel
Wasser oder entfettete Brühe
Weinessig
Salz
Pfeffer
Olivenöl

Die Pflanzen waschen, die Wurzeln putzen, die äußeren Blätter entfernen. Die Pflanzen im ganzen in Salzwasser oder Brühe zehn Minuten dünsten, dann abtropfen lassen, mit Pfeffer, Weinessig und Olivenöl anrichten.

Löwenzahnhonig

300 g Löwenzahnblüten
2 l Wasser
2 kg Zucker
2 Stück Zitronen, ungespritzt

Die Blütenblätter aus den grünen Körbchen zupfen und im Wasser kurz aufkochen. Über Nacht, mindestens aber drei bis vier Stunden lang ziehen lassen. Dann durch ein Leinentuch gießen; die Blüten werden ausgedrückt. Diesen Blütenauszug wieder aufkochen, den Zucker einrühren und die in Scheiben geschnittenen Zitronen hinzufügen. Auf kleinster Flamme drei bis vier Stunden eingedickt, ergibt dies einen aromatischen Honig, der zum Süßen von Kräutertees verwendet werden kann. Zu gleichen Teilen mit Butter vermischt, erhalten Sie einen bei Kindern überaus beliebten Brotaufstrich. Wenn Löwenzahnhonig sorgsam zubereitet wurde, ist er von Bienenhonig kaum zu unterscheiden.

Französischer Löwenzahnsalat

Für 4–6 Personen:

200 g Löwenzahnblätter
2 mittelgroße Kartoffeln
50 g Speck
2 hart gekochte Eier (in Scheiben)
2 Tomaten (in Scheiben)
1 gehackte Zwiebel
10 Oliven

Für die Salatsauce:

4 EL Tomatenmark
1 EL Weinessig
2 EL Öl
Salz, Pfeffer

Die Löwenzahnblätter waschen, abtropfen lassen. Den würfelig geschnittenen Speck auslassen, das Fett abschöpfen. Die Kartoffeln kochen, schälen, heiß in Scheiben schneiden. In einer Salatschüssel Tomatenmark, Salz, Essig, Pfeffer und Öl verrühren, die Kartoffeln hineingeben und bis zum Abkühlen ziehen lassen. Dann die Löwenzahnblätter hinzufügen, die Oliven, die gehackte Zwiebel und zuletzt die Speckwürfel über den Salat geben. Dann durchmischen und mit den hart gekochten Eiern und den Tomaten garnieren.

Löwenzahngelee

200 g Löwenzahnblüten
1 l Wasser
1,5–1,8 kg Gelierzucker
1 Zitrone

Wie beim Löwenzahnhonig die Blütenblätter von den grünen Körbchen befreien, im Wasser kurz aufkochen und zwei Stunden ziehen lassen. Abseihen, die Blüten im Leinentuch ausdrücken. Den ausgekühlten Sud mit dem Gelierzucker und dem Saft der Zitrone fünf Minuten kochen und heiß in peinlich saubere Gläser füllen.

Der römische Schriftsteller Plinius nannte sie die »am meisten verhaßte aller Pflanzen« – wie sehr er doch irrte:

Hymne auf die Brennessel

Botanischer Name: **Brennessel**

Lat.: Urtica dioica (die große)
Urtica urens (die kleine)

Volksnamen:
In Deutschland: Hanfnessel, Nessel, Esselkraut, Gichtrute

In Österreich: Nettel, Donnerkraut, Donnernessel, Saunessel

In der Schweiz: Hanfnessel, Hebernessel, Scharfnessel, Tausendnessel, Donnernessel

Botanische Merkmale: Wer kennt sie nicht seit Kindheit aus leidvoller Erfahrung? Deshalb erübrigt sich in diesem Fall eine nähere botanische Beschreibung. Vielleicht nur, daß beide bei uns vorkommenden Brennesselarten ausdauernde Pflanzen sind – so ausdauernd, daß sie allen Ausrottungsversuchen widerstehen.

Der römische Schriftsteller und Naturforscher Plinius der Ältere, 24 n. Chr. geboren und im Jahre 79 beim Ausbruch des Vesuvs ums Leben gekommen, nannte die Brennessel die »am meisten verhaßte aller Pflanzen« – eine Ansicht, die bis in unsere Tage viele Landwirte und Gärtner mit ihm teilen und dem angeblichen Unkraut erbarmungslos mit Giften zu Leibe rücken. Das Brennen auf der Haut wird dadurch verursacht, daß die in den glasartig spröden Haaren enthaltene Flüssigkeit in die Haut eindringt. Die Spitze der Brennhaare bricht bei Berührung ab, der untere Teil wirkt wie eine Injektionsnadel. Im Gegensatz zur früheren Ansicht besteht das Nesselgift nicht aus Ameisensäure, sondern offenbar aus einigen noch unbekannten Wirkstoffen. Darüber sind sich Biologen und Biochemiker noch nicht einig. Der volkstümliche Name Hanfnessel deutet übrigens auf eine interessante Tatsache hin: Im Mittelalter, also vor Einführung der Baumwolle, wurden die Fasern aus den Stielen der großen Brennessel zu einem hanf- oder flachsähnlichen Gewebe verarbeitet.

Standort: Beide Brennesselarten kommen in ganz Europa vor, bis in über 3000 Meter Höhe, meist auf gut gedüngten Böden. Man könnte sie »Kulturfolger« nennen, weil sie sich überall dort einstellen, wo sich Menschen seßhaft machen.

Verwendung in der Küche: »Brennessel – die muß ja beim Essen brennen«, werden manche denken. Völlig falsch. Mit heißem Wasser überbrüht oder in Öl gelegt (etwa bei Verwendung in rohem Zustand für Kräuteraufstriche), brennen die Blätter auch auf den empfindlichsten Zungen nicht mehr.

Am besten schmecken die ersten 20 cm langen Triebe im zeitigen Frühjahr. Später werden nur die obersten Blätter und Triebspitzen verwendet. Daß zum Sammeln Handschuhe angezogen werden müssen, ist wohl selbstverständlich. Wenn Brennesseln regelmäßig geschnitten werden, treiben sie immer wieder nach, so daß man den ganzen Sommer über junge Pflanzen für die Küche zur Verfügung hat.

Welche Fülle an Gerichten mit Brennessel möglich sind, beweisen die folgenden Seiten. Wer noch mißtrauisch ist, sollte folgenden Test machen:

Brennesselblätter wie englischen Blattspinat kurz in wenig Salzwasser aufkochen, abseihen, etwas pfeffern und mit brauner Butter übergießen. Seien Sie gewiß: Sie werden in die »Hymne auf die Brennessel« einstimmen.

Gesundheitlicher Aspekt: Trotz Abneigung des alten Plinius gilt die Brennessel seit altersher als wichtige Heilpflanze. Albrecht Dürer hat ihr in einem prachtvollen Gemälde ein Denkmal gesetzt: ein Engel trägt eine Brennessel zum Thron des Allerhöchsten. Brennesseln enthalten in reichem Maß Spurenelemente, Vitamin A und wichtige Enzyme. Die ganzen Pflanzen, getrocknet und gehackt, werden ebenso wie die Wurzeln als Tee zubereitet, dem die beste blutreinigende Wirkung nachgesagt wird.

»Die Brennessel reinigt den gesamten Körper und erleichtert dadurch indirekt den Stoffwechsel. Zusätzlich wirkt sie auch direkt – durch den Gehalt an stoffwechselaktiven Substanzen. Das ist die Verbesserung des YIN. Außerdem reguliert sie den in uns vorprogrammierten Biorhythmus, wenn von innen oder außen Störungen auftreten.«

(Dr. med. Ulf Böhmig)

Gebackene Brennesselblätter

(siehe Foto Seite 72)

Für dieses Rezept kann auch Pfannkuchenteig verwendet werden. Am besten schmeckt Bierteig.

Für 4 Personen:

20–30 große Brennesselblätter

FÜR DEN BIERTEIG:

125 g Mehl
ca. $^{1}/_{4}$ l helles Bier
1 Eigelb
Salz
Prise Muskat
1 TL Öl
1 Eiklar

Das Mehl mit Bier, Eigelb, Salz und Muskat zu einem dickflüssigen Teig verrühren, das Öl hinzugeben und das zu Schnee geschlagene Eiklar unterziehen. Die Brennesselblätter werden mit einem Nudelholz gewalkt und leicht gesalzen. Etwas ziehen lassen, dann in den Bierteig tauchen und bei 180 Grad in Öl (oder Kokosfett) goldbraun herausbacken. Gut geeignet als Vorspeise mit diversen Saucen oder als Suppeneinlage.

Brennesselsuppe

(siehe Foto Seite 249)

Dieses klassische Rezept aus Großmutters Küche übertrifft an Wohlgeschmack viele andere Suppen und liefert den Beweis, daß Delikatessen nicht teuer sein müssen.

Für 4 Personen:

4 Doppelhände Brennesseltriebe
$^3/_4$ l entfettete Rindsbrühe oder Salzwasser
$^3/_8$ l Milch
2 EL Butter
2 EL Mehl
1 kleine Zwiebel
etwas Petersilie
1 Eigelb
Salz, Pfeffer
saure Sahne

Die gut gewaschenen Brennesseln mit der heißen Brühe oder dem Salzwasser übergießen, zehn Minuten kochen lassen und abseihen. Den Kochsud aufheben, die Brennesseln passieren oder im Mixer pürieren. Die klein gehackte Zwiebel und die Petersilie in Butter andünsten, das Mehl hinzufügen und hell anschwitzen, mit kalter Milch aufgießen und glattrühren. Den Brennesselsud hinzufügen und 15 Minuten kochen lassen, dann die pürierten Brennesseln hineingießen und nochmals kurz aufkochen. Mit Salz und Pfeffer abschmecken. Das Eigelb wird mit wenig Milch verquirlt. Die Suppe vom Herd nehmen und damit legieren. Man sollte auch noch ein wenig fein gehackte rohe Brennesseln einrühren.

Als Suppeneinlage eignen sich würfelig geschnittene gekochte Kartoffeln oder geröstete Schwarzbrotschnitten. In jede Suppenschale kommt bei Tisch ein Löffel saure Sahne.

Brennesselspinat

Grundsätzlich ist zu sagen, daß Brennesseln stellvertretend für alle Spinatsorten verwendet werden können und sehr oft besser schmecken als diese.

Für 4–6 Personen:

800 g Brennesseln
$1/2$ l Milch
3 EL Butter
3 EL Mehl
$1/8$ l Schlagsahne
3 Eigelb
1 Knoblauchzehe
Salz
Pfeffer

Wie im vorhergehenden Rezept die Brennesseln in Salzwasser oder Brühe kochen, abseihen und pürieren. Aus Butter und Mehl eine Mehlschwitze zubereiten und mit der Milch aufgießen, die Brennesseln und den fein gehackten Knoblauch hinzufügen und kurz aufkochen. Mit Salz und Pfeffer abschmecken. In diesem Fall werden die drei Eigelb in Sahne verquirlt und zum Legieren der Sauce verwendet. Je nach Konsistenz nötigenfalls mit etwas Kochsud verdünnen.

Brennesselspinat auf Wiener Art

Für 6–8 Personen:

900 g Brennesselblätter
30 g Butter
30 g Mehl
3 EL gehackte Petersilie
1 kleine Zwiebel
4 Zehen Knoblauch (oder, besser, eine Handvoll Bärlauchblätter)
$^1/_2$ l Knochensuppe, am besten vom Rind
Salz, Pfeffer
Muskatnuß

Die gut gewaschenen und abgetropften Brennesselblätter in der Brühe kochen, bis sie weich sind, abseihen und pürieren. Den Kochsud unbedingt aufheben.

Zwiebel und Knoblauch (oder Bärlauchblätter) ebenso wie die Petersilie ganz fein hacken und vermischen. Jetzt wird das Mehl in der Butter goldgelb geröstet, Zwiebel, Knoblauch und Petersilie hinzugefügt und gut durchgerührt. Nach und nach den inzwischen lauwarmen Kochsud zugießen und zu einer dicklichen Sauce verkochen. Dazu kommt das Brennesselpüree; mit Salz, Pfeffer und wenig geriebener Muskatnuß abschmecken. Das Ganze nochmals kräftig aufkochen und vom Herd nehmen. Damit der Brennesselspinat keine Haut bildet, kommen obenauf ein paar Butterflocken.

Brennesselspinat wird in Wien vor allem zu Tafelspitz mit Röstkartoffeln oder anderem gekochten Rindfleisch serviert, gern auch mit Spiegeleiern oder Pofesen gegessen, einer wenig bekannten Spezialität der altösterreichischen Küche (siehe nachfolgendes Rezept).

Pofesen auf zwei Arten

Für 5 Personen:

10 große Weißbrotschnitten, (jeweils $^1/_2$ cm dick)
$^1/_2$ l Milch
2 Eier
1 Prise Salz
Öl oder Kokosfett zum Backen

Die Milch mit den Eiern verquirlen und etwas salzen. Die Brotschnitten nacheinander in die Eiermilch tauchen und vollsaugen lassen. Auf einem Teller abtropfen und dann in heißem Öl oder Kokosfett auf beiden Seiten goldbraun backen. – Eine Köstlichkeit zum Brennesselspinat.

Nach einer anderen Methode werden die Brotscheiben nur kurz in die Milch getaucht, durch die verquirlten, etwas gesalzenen Eier gezogen, in Paniermehl (Bröseln) gewälzt und im heißen Fett gebacken.

Brennesselquark (Brennesseltopfen)

Feingehackte Brennesseln, die man – damit sie ihre »Brennfähigkeit« verlieren – kurz in Öl gelegt hat, eignen sich zusammen mit anderen Kräutern hervorragend für einen Quark-(Topfen-)aufstrich.

Für 250 g Quark (Topfen), den man glattgerührt, gesalzen, mit Pfeffer und ein wenig Senf gewürzt hat, reichen eine Handvoll junge Blätter und zwei KL gehackte Petersilie. Falls jemandem der Geschmack zu intensiv sein sollte, kann noch ein rohes Eigelb eingerührt werden.

Brennesselauflauf

Für 4–6 Personen:

500 g Brennesseln (auch ältere, gröbere Blätter)
1 große Zwiebel
80 g Butter
1/8 l Knochenbrühe
1/8 l Schlagsahne
4 EL Mehl
4 Eier (getrennt)
70 g Parmesan (oder ein anderer geriebener Hartkäse)
2 Eßlöffel Paniermehl
Salz
Pfeffer
Oregano
Muskatnuß

Die Brennesselblätter mit kochendem Wasser übergießen, kurz aufkochen und abseihen. In der Hälfte der Butter die gehackte Zwiebel anrösten, bis diese glasig ist. Mit der Suppe aufgießen und kurz kochen. Die Brennesseln dazugeben, kräftig mit Salz, Pfeffer, einer Prise Oregano und ein wenig geriebener Muskatnuß würzen. Vom Herd nehmen. Eigelb, Sahne, Mehl und die Hälfte des Parmesans in einer Schüssel verquirlen und unter die Brennesselmasse rühren. Das Eiweiß zu steifem Schnee schlagen und zuletzt vorsichtig unter die Masse ziehen.

Eine Auflaufform mit Butter einfetten, die Brennesselmasse hineinfüllen, mit dem Paniermehl und dem restlichen Parmesan bestreuen und die Butter in Flocken darüber verteilen. Den Auflauf 30 Minuten bei etwa 220 Grad im Ofen backen.

Brennesselsuppe mit Rindfleisch

Für 6–8 Personen:

500 g Brennesselblätter (auch ältere)
700 g Rindfleisch (am besten von jenem Teil, der in der Bundesrepublik Hesse, in Österreich Wadschinken und in der Schweiz Schenkel oder Jarret genannt wird)
2 große Zwiebeln
500 g Kartoffeln
1 große Stange Lauch
4 Tomaten
Salz
weißer Pfeffer

Das Rindfleisch im ganzen in 2 l Salzwasser kochen, bis das Fleisch weich, aber nicht zu weich ist (etwa 90 Minuten), dann herausnehmen und in große Stücke schneiden.

Die Kartoffeln werden geschält und in Würfel geschnitten, die Zwiebeln grob gehackt, der Lauch in Scheiben geschnitten, die Tomaten überbrüht, geschält und gewürfelt.

Dann kommen – jeweils in Abständen von ein paar Minuten – die Kartoffeln, Zwiebeln und die Tomaten in die Suppe und werden weich gekocht. Es folgen die Fleischstücke und zuletzt der Lauch sowie die gewaschenen, grob gehackten Brennesselblätter. Alles noch etwa zehn Minuten garen, mit Salz und Pfeffer abschmecken.

Ein kräftiger Eintopf, zu dem Schwarzbrot am besten schmeckt.

Brennesselschnitzel

200 g Brennesselblätter
3 Semmeln (oder 7 Schnitten Weißbrot)
1 EL Butter
1 große Zwiebel
einige EL Paniermehl oder Haferflocken
Salz
Pfeffer
Fett zum Herausbacken

Die Brennesselblätter bleiben in diesem Falle roh, werden jedoch mit heißem Wasser überbrüht, damit sie nicht mehr brennen, dann abgetropft und fein gewiegt. Die Zwiebel fein hacken und mit etwas Butter in einer Pfanne goldgelb rösten. Die Brennesselblätter nun zusammen mit der Zwiebel in eine Schüssel geben. Die zuvor in Wasser oder Milch eingeweichten und ausgedrückten Semmeln (oder Brotscheiben) zufügen. Unter Beigabe von Paniermehl oder Haferflocken nun eine Masse rühren, aus der sich kleine Laibchen formen lassen. Diese ein wenig ruhen lassen und in heißem Öl oder Fett ausbacken.

Brennesselspätzle

Es wird dem Leser bekannt sein, daß beispielsweise die Italiener ihre Spaghetti oder die Teigblätter der Lasagne mit Spinat grün färben und ihnen dadurch einen besonderen Geschmack verleihen. Ähnliches, wenn nicht noch besser, gelingt durch die Zugabe von Brennesselpüree bei Spätzle und anderen Teigwaren.

Für 4 Personen:

500 g Brennesselblätter
500 g feines Mehl
50 g Öl
$^{2}/_{10}$ l Milch
3 Eier
Salz
Muskatnuß

Die Brennesseln, wie schon beschrieben, verlesen, dann in leicht gesalzenem Wasser weich kochen, abseihen und mit dem Mixer pürieren.

Das Brennesselpüree zusammen mit Mehl, den ganzen Eiern, Öl, Milch, Salz und ein wenig geriebener Muskatnuß zu einem glatten, dicken Teig rühren. Jeweils eine Portion Teig auf ein angefeuchtetes Arbeitsbrett geben und mit einem Messer kleine Spätzle in kochendes Salzwasser schaben. Auf diese Weise wird, während das Wasser nur wallt, der ganze Teig verarbeitet. Sie können den Teig aber auch durch einen Spätzlehobel oder ein -sieb treiben. Die Spätzle zehn Minuten köcheln lassen, abseihen und gut mit kaltem Wasser spülen. Sie können nun vielfältig weiterverarbeitet werden.

Brennesselspätzle mit Ei und Schinken

Für 4 Personen:

200 g Schinken, Selchfleisch oder durchwachsener Speck
50 g Butter
$^{1}/_{8}$ l Schlagsahne
4 Eier
Reibekäse (Emmentaler oder Parmesan)
Salz
Pfeffer

Den würfelig (oder in Streifen) geschnittenen Schinken in einer weiten Pfanne in der Butter anlaufen lassen. Die gut abgetropften Brennesselspätzle dazugeben, mit der Sahne übergießen und unter mehrmaligem Wenden erhitzen. Zuletzt werden die Spätzle beiseite geschoben, die Eier in die Pfanne geschlagen, gesalzen und, sobald sie gestockt sind, mit den Spätzle vermischt. Zuletzt den Käse darüberstreuen und in der Pfanne möglichst heiß servieren. Als Beilage dazu Löwenzahnsalat oder ein Salat aus anderen Frühlingskräutern.

Brennesselspätzle in Weinsauce

Die halbe Menge der oben vorbereiteten Spätzle reicht für dieses Rezept als Vorspeise für vier Personen. Es wird mit Béchamelsauce zubereitet, die mit Weißwein und Käse verfeinert wurde.

FÜR DIE SAUCE:

80 g Butter
80 g glattes Mehl
$^{3}/_{8}$ *l Milch*
2 Eigelb
5 EL geriebener Emmentaler
oder Parmesan
$^{1}/_{8}$ *l trockener Weißwein*
Salz, Pfeffer

Aus Butter und Mehl eine sehr helle Mehlschwitze bereiten, mit der kalten Milch aufgießen und gut verkochen. Nach kurzem Abkühlen wird Wein und die Hälfte des geriebenen Käses in die Sauce gemischt und mit Pfeffer und Salz abgeschmeckt.

In eine Auflaufform, die dick mit Butter ausgestrichen wurde, kommen nun die Brennesselspätzle, dann wird die Béchamelsauce darübergegossen und das Ganze mit dem Rest des geriebenen Käses bestreut. Den Auflauf bei 250 Grad im Rohr überbacken, bis der Käse goldbraun ist.

Man kann ihn nicht konservieren,
also nützen Sie »seine Zeit« – den Frühling:

Bärlauch, der wilde Knoblauch aus den Wäldern

Botanischer Name: **Bärlauch**

Lat.: Allium ursinum

Volksnamen:
In Deutschland: Wilder Knoblauch, Bärenlauch, Waldknoblauch, Wurmlauch

In Österreich: Hexenknofel, Zigeunerzwiefel, Waldknofel, Judenzwiefel, Hexenzwiefel

In der Schweiz: Waldknoblauch, Zigeunerlauch, Bärenkraut, Rämschele

Botanische Merkmale: Der Bärlauch oder wilde Knoblauch besitzt eine längliche, bis zu 7 cm große Zwiebel, die von durchsichtigen Häuten umgeben ist. Aus ihr wachsen, sobald die Schneeglöckchen verblüht sind, 20 bis 25 cm hohe grundständige Blätter von lanzettlicher Form. Zumeist sind es nur zwei Blätter pro Pflanze. Zwischen ihnen entspringt ein aufrechter, etwas kantiger Stiel mit weißen sternförmigen und in einer Scheindolde angeordneten Blüten. Im späteren Frühling zieht der Bärlauch ein und verschwindet, um im nächsten Jahr wieder an der selben Stelle zu erscheinen. Die Vermehrung der Pflanzen erfolgt durch schwarze Samen in kapselartigen Früchten, die zumeist von Ameisen verschleppt werden.

Standort: Bärlauch bevorzugt humusreichen Laubwaldboden, schattigen und feuchten Standort. In Auwäldern kommt Bärlauch in solchen Mengen vor, daß man ihn schon von weitem riechen kann. Ab 1500 Meter Seehöhe wächst er nur noch vereinzelt.

Verwendung in der Küche: Die Älteren unter uns werden sich vielleicht noch daran erinnern, daß die Menschen der Nachkriegszeit zu Tausenden aus den Städten in die Wälder zogen, um Bärlauch zu sammeln. Das Wissen über seine Verwendung ist jedoch weitgehend in Vergessenheit geraten.

Gesammelt werden die jungen Blätter zwischen März und Mai, noch vor der Blüte. Auch die Zwiebeln sind eßbar und werden am besten im Herbst ausgegraben. Man muß sich nur jene Stellen merken, an denen im Frühling die Blätter gewachsen sind.

Bärlauch ähnelt im Geschmack und Geruch dem Knoblauch, ist jedoch etwas schärfer. Roh sollte man ihn klein gehackt zum Würzen von Suppen, Salaten, Gemüsen und Aufstrichen verwenden. Gekocht verliert er an Geschmack, eignet sich jedoch gut als Alternative zu Blattspinat. Ideal ist, eine Handvoll Blätter dem Brennesselspinat beizumengen – praktisch als Würze statt Knoblauch.

Leider läßt sich der wilde Knoblauch nur frisch verwenden, beim Trocknen oder Einfrieren verliert er den Geschmack. Man sollte deshalb die kurze Zeit, in der er wächst, reichlich nützen. Die Zwiebel, geraspelt oder zerdrückt, kann ebenso wie Knoblauch verwendet werden. Ein wenig Salz mildert die Schärfe.

Gesundheitlicher Aspekt: Bärlauch gilt als gutes Heilmittel bei weit fortgeschrittener Arterienverkalkung, bei hohem Blutdruck und bei Leberleiden. Diese Tatsachen waren schon den alten Römern bekannt. Es sollte jedoch berücksichtigt werden, daß Leute mit empfindlichem Magen die Blätter und Wurzeln in rohem Zustand und in größeren Mengen oft nicht gut vertragen.

ACHTUNG DOPPELGÄNGER!
Die Wahrscheinlichkeit ist gering, doch im Eifer des Sammelns kann es passieren, daß Bärlauch mit dem giftigen Maiglöckchen verwechselt wird. Unterscheidungsmerkmal: Maiglöckchenblätter riechen nicht.

Bärlauchtest: Mit einem einfachen Test können Sie feststellen, ob Bärlauch ihrem Geschmack entspricht: Hacken Sie die Blätter ganz fein, salzen Sie sie, um die Schärfe zu mildern, streuen Sie sie auf ein Brot und essen Sie davon ...

Bärlauchaufstrich

Ein herzhafter Brotaufstrich für den Frühling nach der langen, weitgehend »kräuterlosen« Winterzeit.

Für 4 Personen:

1 Handvoll Bärlauchblätter
250 g Speisequark (Topfen)
2 EL saure Sahne
1 TL Zitronensaft
Salz
1 Prise Zucker
Senf
Pfeffer

Den Quark und die saure Sahne glattrühren, mit Zitronensaft, ein wenig Senf, Zucker, Salz und Pfeffer abschmecken. Die gut gewaschenen Bärlauchblätter fein hacken und in den Aufstrich mischen. Im Herbst können statt dessen auch Bärlauchzwiebeln verwendet werden.

Diesen Brotaufstrich kann man auch mit anderen Kräutern zubereiten – mit Gundelrebe und Pastinake, von denen später noch die Rede sein wird.

Schinkenrolle mit Bärlauchcreme

Auch mit dem beschriebenen Bärlauchaufstrich kann man Schinkenrollen füllen. Noch besser, fast schon »hohe Kochkunst«, ist Schinken mit dieser Bärlauchcreme gefüllt; eine Vorspeise, für die Sie von Ihren Gästen sicher bewundert werden.

Für 4 Personen:

4 große Scheiben Schinken
(roh oder gekocht)
$^1/_8$ l Schlagsahne
5 große Bärlauchblätter
(oder eine Bärlauchzwiebel)
1 EL gehackter Schnittlauch
Salz
Pfeffer
Zitronensaft

Die kalte Sahne so steif wie möglich schlagen, mit einem Spritzer Zitronensaft, Salz und frisch gemahlenem Pfeffer abschmecken. Die ganz fein gehackten Bärlauchblätter und den Schnittlauch hinzufügen. Mit der Creme den Schinken füllen und sofort servieren.

Bärlauchsauce

Für 6 Personen:

50 bis 80 g Bärlauchblätter (gehackt)
1 EL Bärlauchblätter (fein gewiegt)
1 Zwiebel
30 g Butter
1 EL Mehl
$^1/_4$ l klare Brühe
2 EL saure Sahne
Salz
Muskatnuß

Die grob gehackten Bärlauchblätter in der Brühe kurz aufkochen und beiseite stellen. Die klein gehackte Zwiebel in der heißen Butter glasig andünsten, mit Mehl stauben, kurz anrösten und die gekochten Blätter mit der Flüssigkeit dazugeben. Das Ganze etwa 20 Minuten auf kleiner Flamme köcheln lassen, danach passieren, kurz aufwärmen, mit Salz und Muskat würzen. Die fein gehackten rohen Bärlauchblätter mit der sauren Sahne verrühren, zur Sauce geben und diese vom Herd nehmen. Bärlauchsauce paßt vorzüglich zu Grillkoteletts oder Steaks, wird oft aber auch ganz simpel zu gekochten Kartoffeln gegessen.

Zigeunerpüree

Für 6 Personen:

750 g mehlige Kartoffeln
75 g Butter
$^1/_4$ l Milch
$^1/_8$ l klare Brühe
50 g Bärlauchblätter
Salz
Pfeffer

Die geschälten, geviertelten Kartoffeln in Salzwasser weichkochen, abseihen und im offenen Topf etwas nachdämpfen lassen. Noch heiß passieren und mit der Butter verrühren. Während die Kartoffeln kochen, die grob gehackten Bärlauchblätter mit der Brühe aufkochen, ein paar Minuten garen und abseihen. Die Bärlauchblätter passieren und in der leicht gesalzenen Milch kurz weiterkochen oder auch nur ziehen lassen. Dieser heiße Milchbrei sollte möglichst gleich nach der Butter in die Kartoffeln gerührt werden. Mit Salz und Pfeffer abschmecken.

Zu Steaks vom Holzkohlengrill ist diese Beilage ein wahrer Hochgenuß.

Bärlauchsuppe

Für 4 Personen:

10 bis 12 Bärlauchblätter
1 Zwiebel
2 EL Butter
1 EL Mehl
1 l Gemüsebrühe
Salz

Die Zwiebel fein hacken, in der Butter goldgelb anrösten, das Mehl einstreuen und eine helle Mehlschwitze bereiten. Mit der Gemüsebrühe aufgießen, kurz kochen lassen. Unterdessen die Bärlauchblätter fein wiegen, mit der Brühe übergießen – und fertig ist diese Speise für Eilige! Gut dazu schmecken als Einlage geröstete Semmelwürfel.

Anstelle der Bärlauchblätter können 2 bis 3 Bärlauchzwiebeln verwendet werden. Diese werden jedoch gleich am Beginn zerdrückt und mit der Zwiebel angeröstet.

*Ein köstlicher »Maitrunk«
wurde uns aus einem Kloster des neunten
Jahrhunderts überliefert:*

Waldmeister – nicht nur für die Bowle

Botanischer Name: **Waldmeister**

Lat.: Galium odoratum

Volksnamen:
In Deutschland: Wohlriechendes Labkraut, Halskräutlein, Teekraut, Mösch

In Österreich: Herzkraut, Maikraut, Tabakskraut, Waldhahnl, Waldmanndl, Maitrank

In der Schweiz: Waldtee, Meister, Leberkraut, Waldmännli, Guggerblume, Herzensfreude, Magerkraut, Maichrut

Botanische Merkmale: Waldmeister ist eine ausdauernde Pflanze, 10 bis 30 cm hoch. Am aufrechten, dreikantigen Stengel stehen die Blätter in Etagen, jeweils 6 bis 9 in Quirlen um den Stiel. Zwischen April und Juni, je nach Klima, erscheinen die kleinen weißen, trichterförmigen Blüten in endständigen Scheindolden. Aus ihnen entstehen jeweils zwei kugelige Samen mit hakig gekrümmten Haaren.

Standort: Waldmeister wächst oft massenhaft wie ein dichter Rasen in den schattigen Buchen- und Mischwäldern Mitteleuropas, auf nährstoffreichen Böden bis etwa 1800 Meter Seehöhe.

Verwendung in der Küche: In der Küche wird Waldmeister für die würzige Frühlingsbowle verwendet, der er auch seinen Namen gab.

Es lassen sich damit aber auch der köstliche Maitrunk und ein guter Likör herstellen.

Gesammelt wird die ganze Pflanze samt den Blüten zwischen April und Juni. Da sich der rotbraune, dünne Wurzelstock leicht aus dem Boden ziehen läßt, sollte das Kraut zur Schonung des Bestandes mit einer Schere geschnitten werden, so daß der unterste Blattkranz noch stehenbleibt.

Vorsicht! Es gibt eine, wenn auch unwahrscheinliche, *Verwechslungsmöglichkeit* mit dem nahe verwandten Waldlabkraut. Doch dieses wächst und blüht später und riecht vor allem sehr unangenehm.

Waldmeister ist eines jener Wildkräuter, die ihr volles Aroma erst nach dem Abwelken entwickeln. Der charakteristische Geruch ist auf den Gehalt an Cumarin zurückzuführen, das erst während des Trocknens aus einer chemischen Verbindung frei wird.

Des Aromas wegen wird Waldmeister oft in Kräuterkissen gefüllt oder in Büscheln in Kleiderschränke gehängt. Das hält Motten und andere Insekten fern. Die Älteren unter uns werden sich auch daran erinnern, daß Waldmeister in Notzeiten als Tabakersatz in der Pfeife geraucht wurde. Der Volksname »Tabakskraut« erinnert daran.

Gesundheitlicher Aspekt: In der Volksmedizin gilt Waldmeister als klassisches Beruhigungsmittel, als Tee genossen auch als Schlafmittel für ältere Leute und gegen Migräne.

Auch bei Leberstauungen, Gelbsucht, Harnsteinbildung und gegen krampfhafte Zustände wird er empfohlen und ist deshalb Bestandteil einschlägiger Teemischungen.

Vorsicht: Übermäßiger Genuß von Waldmeister kann Kopfschmerzen verursachen.

Einfache Waldmeister-Bowle

(siehe Foto Seite 71)

Ein erfrischendes Getränk für festliche Anlässe im Frühling!

Für 4–6 Personen:

30 Stengel Waldmeister
1 l trockener Weißwein
1 Flasche Sekt
1 ungespritzte Orange
3 EL Zucker

Den Waldmeister über Nacht welken lassen. In einem Bowlengefäß den Zucker im gekühlten Wein auflösen und das Waldmeisterbüschel so in das Gefäß hängen, daß die Enden der Stengel aus dem Wein ragen (siehe Foto). Nach einer Stunde (je nach Geschmack auch früher) den Waldmeister herausnehmen, die in Scheiben geschnittene Orange in den Wein geben und die Bowle mit dem gut gekühlten Sekt aufgießen.

Waldmeisterbowle im »Luxusstil«

Für 4–6 Personen:

20 g abgewelkte Waldmeisterblätter
10 Blätter der Walderdbeere
10 Blätter der Schwarzen Johannisbeere
(kann, falls nicht verfügbar, auch weggelassen werden)
3 ungespritzte Orangen
4 EL Staubzucker
4 EL Cognac (oder Weinbrand)
1 l Weißwein
1 Flasche Champagner (oder Sekt)

Die Blätter von Waldmeister, Erdbeere und Johannisbeere klein schneiden, in eine Keramikschüssel geben und mit zwei Orangen, die in dünne Scheiben geschnitten wurden, abdecken. Den Staubzucker darüberstreuen und mit dem Cognac übergießen. Das Ganze zehn bis zwölf Stunden ziehen lassen, in ein großes Glas umfüllen, mit dem Wein übergießen und weitere zehn bis zwölf Stunden kühl stehen lassen. Dann die Bowle abseihen, gut kühlen und vor dem Servieren in einem Bowlengefäß mit dem Sekt aufgießen. Dieses klassische Getränk wird serviert, indem man es in Trinkgläser über die frisch geschnittenen Scheiben der dritten Orange gießt. Die Bowle, ohne Sekt aufgespritzt, ist auch längere Zeit im Kühlschrank haltbar.

Waldmeisterbowle mit Zitrone

Für 4–6 Personen:

10 Stengel Waldmeister (nur mit Blättern, ohne Blüten)
2 ungespritzte Zitronen
die dünn abgeschälte Zitronenschale
2 EL Staubzucker (Puderzucker)
2 l junger Weißwein
1 Flasche Sekt (oder Champagner)

Die Waldmeisterblätter und die Zitronenschalen in einer Bowlenterrine mit Zucker bedecken und eine Stunde ziehen lassen. Dann mit dem Wein aufgießen, 30 Minuten kühl stellen und zuletzt mit dem sehr kalten Sekt (oder Champagner) auffüllen.
Die Blätter und Zitronenschalen können als Dekoration im Bowlengefäß bleiben. Man kann auch ein paar Scheiben Zitrone darin schwimmen lassen.

Maitrunk

Dieses Rezept ist uns aus einem Kloster des neunten Jahrhunderts überliefert.

Für ca. 4 Flaschen à $^3/_4$ l:

3 l trockener, alter Weißwein
20 g Waldmeisterblüten und -blätter
20 g Walderdbeerblätter
10 g Blätter der Schwarzen Johannisbeere
10 g Blätter der Gundelrebe
150 g Staubzucker

Die Blätter in ein mäßig vorgewärmtes, großes Gurkenglas legen, mit dem Staubzucker abdecken und zwei bis drei Stunden stehen lassen. Danach den Wein darübergießen, nochmals drei Stunden ziehen lassen, dann filtern, in Flaschen füllen, verkorken und liegend aufbewahren. Dieses Getränk, das als sehr belebend und nach Mahlzeiten verdauungsfördernd gilt, hält im Keller viele Monate lang.

Maitrunkgelee mit Erdbeeren

Für 6 Personen:

$^1/_2$ l Maitrunk nach vorangehendem Rezept
6 Blatt Gelatine
200 g Erdbeeren
2 EL Staubzucker

Die Gelatine vier Minuten in kaltem Wasser einweichen, dann ausdrücken.

Eine Schüssel im Wasserbad vorwärmen, darin die Gelatine ohne Wasser flüssig rühren. Nach und nach den Maitrunk zugießen, verrühren und im Kühlschrank eindicken lassen.

Sobald die Flüssigkeit zu gelieren beginnt, die sauber gewaschenen, gezuckerten Erdbeeren dazugeben, das Maitrunkgelee in flache Glasschalen füllen und bis zum Servieren kalt stellen. Eine köstliche und erfrischende Nachspeise.

Waldmeisterlikör

Für 4–5 Flaschen à 0,5 l:

Ca. 60 Stengel Waldmeister
2 Orangen, geschält und in Scheiben geschnitten
0,7 l Weingeist
0,7 l Wodka (oder Korn)
250 g Zucker
0,4 l Wasser

Den abgewelkten Waldmeister in ein gut verschließbares Glas füllen, die Orangenscheiben dazugeben, mit Weingeist und Korn übergießen und gut verschlossen vier Wochen lang an einem warmen Platz (auch in der Sonne am Fenster) stehen lassen. Danach wird der Schnaps erst durch ein Leinentuch, dann noch durch einen Kaffeefilter geseiht.

Das Wasser aufkochen und den Zucker einrühren, bis er sich völlig gelöst hat. Den Sirup auskühlen lassen, mit dem Waldmeisterschnaps mischen und in Flaschen abfüllen.

Dieser Likör schmeckt anfangs etwas scharf, wird durch längere Lagerung aber mild.

Das beste Wildgemüse im zeitigen Frühjahr –
einmal verkostet,
wurde schon mancher zum Fan:

Wilder Hopfen schmeckt wie Spargel

Botanischer Name: **Hopfen**

Lat.: Humulus lupulus

Volksnamen:
In Deutschland: Wilder Hopfen, Gemeiner Hopfen, Heckenhopfen

In Österreich: Wilder Hopfen, Hupfen, Strauchhopfen, Weidenhopfen

In der Schweiz: Hopf

Botanische Merkmale: Viele Gartenbesitzer werden sich schon über jenes lästige, kratzige Unkraut geärgert haben, das sich meterlang an Hecken und Zäunen emporwindet: das ist Wilder Hopfen. Aus dem weitverzweigten Wurzelstock wachsen Jahr für Jahr fünf bis sieben Meter lange Triebe, die sich – immer rechtsgewunden – hochschlingen. Die Stengel sind ebenso rauh wie die drei- bis fünflappigen Blätter, die jenen des Weines ähneln. Die Pflanze hat keine Ranken. Zwischen Juni und September erscheinen an den männlichen Pflanzen gelbgrüne, in Rispen stehende Blüten. Die Blüten der weiblichen Pflanze stehen in Kätzchen. Aus ihnen entwickeln sich im Spätsommer bis Frühherbst zapfenförmige Früchte mit stark aromatischem Geruch und Geschmack. Die Innenfläche der Zapfenschuppen trägt gelbliche bis rötliche Drüsen, die das harzige Sekret Lupulin enthalten. Dieses ist für den charakteristischen bitteren Geschmack verantwortlich. Bei der Ernte des nahe verwandten Kulturhopfens können empfindliche Personen an Schläfrigkeit und Kopfschmerzen leiden, was ebenfalls auf das Lupulin zurückzuführen ist.

Standort: Wilder Hopfen kommt in ganz Europa vor, in Gärten, in Gebüschen und in Wäldern bis etwa 1600 Meter Höhe, in den Auwäldern der Niederungen, an Fluß- und Bachufern oft in Massen.

Verwendung in der Küche: In den Hopfenanbaugebieten essen viele Leute gern die jungen Nebentriebe des Kulturhopfens, die ohnedies weggeschnitten werden müssen. Der Wilde Hopfen schmeckt noch besser, wie junger Spargel, wird bisher aber nur – aus unerfindlichen Gründen – von ganz wenigen Kennern geschätzt. Die jungen, im April bis Mai erscheinenden Sprossen schmecken wie zartester Spargel und können ebenso vielfältig in der Küche verwendet werden. Die harzigen Fruchtzapfen, noch grün im August und September – je nach klimatischen Verhältnissen – gepflückt, bilden die Würze für einen wohlschmeckenden Likör.

Gesundheitlicher Aspekt: Die erste schriftliche Überlieferung über die gesundheitliche Wirkung von Hopfen stammt von einem arabischen Arzt des siebenten Jahrhunderts, der Hopfensirup zur Blutreinigung empfahl.

Die in dem Sekret Lupulin enthaltenen Bitterstoffe und ätherischen Öle der Fruchtzapfen wirken antiseptisch, appetitanregend, verdauungsfördernd und entwässernd. Ein aus den Zapfen hergestellter Tee hat beruhigende Wirkung, sollte jedoch mäßig verwendet werden, weil eine Überdosis Benommenheit und Magenbeschwerden auslösen kann. Der Heilkräuterspezialist Richard Willfort vermerkt, daß das bakte-

Barbarakraut

Bärlauch

Beifuß

Beinwell

Breitwegerich

Brennessel

Brunnenkresse

Distel

Dost

Gänseblümchen

Geißfuß

Gundelrebe

Hagebutten

Hirtentäschel

Holunder

Hopfen

Huflattich

Klette

Löwenzahn

Melde

Melde, Blütenstand

Natternkopf

Ochsenzunge

Pastinak

Quendel

Sauerampfer

Schafgarbe

Schlüsselblume

Taubnessel, purpur

Taubnessel, weiß

Veilchen

Vogelmiere

Waldmeister

Wiesenbärenklau

Wiesenbocksbart

Wiesenknöterich

Waldmeister-Bowle (Rezept siehe S. 57)

Gebackene Brennesselblätter (Rezept siehe S. 36)

Kräuterkartoffelsuppe (Rezept siehe S. 149)

rienfeindliche Antibiotikum des Wilden Hopfens in seiner keimtötenden Wirkung fast 500mal so stark ist wie Karbolwasser.

Wilder Hopfen, wie Spargel zubereitet

Wie schon erwähnt, schmeckt Wilder Hopfen wie bester Spargel und wird auch wie dieser gekocht – nur mit dem Unterschied, daß dies wegen der dünnen Triebe etwas schwieriger ist.

So wird's gemacht: Man bündelt jeweils 10 Triebe, wäscht diese gründlich in kaltem Wasser und bindet sie mit Zwirn zusammen. Auf diese Weise läßt sich später leichter mit ihnen hantieren, weil sie beim Kochen nicht auseinanderfallen.

Nach Möglichkeit sollte Knochenbrühe zum Kochen verwendet werden; es genügt aber auch leicht gesalzenes Wasser. Pro Liter Kochsud sollte auf jeden Fall $^1/_8$ l Milch zugegeben werden, weil diese den bitteren Geschmack des Hopfens mildert. Ebenso ein KL Butter, eine Prise Zucker und reichlich weißer Pfeffer.

Darin werden die gebündelten Hopfensprossen weich, aber keinesfalls zu weich gekocht. Es wäre schade, würden sie zu einem Brei verkochen. Zur Probe schneidet man am besten ein kleines Stück vom Stielende ab und kostet es. Es sollte kernig-weich sein. Dann werden die Hopfenbündel vorsichtig aus dem Sud gehoben und abgetropft.

Hopfenspitzen mit Sauce hollandaise

(siehe Foto Seite 250)

Für 4 Personen:

40 Hopfensprossen, etwa 20 cm lang
Salz
Pfeffer
Schuß Milch

Für die Sauce Hollandaise:

2 Eigelb
2 EL Brühe
180 g Butter
1 EL Zitronensaft
Salz
weißer Pfeffer

Die Hopfenspitzen wie beschrieben mit Zwirn locker bündeln und in Knochenbrühe oder Salzwasser kernig weich kochen.

Unterdessen die *Sauce* zubereiten: Butter schmelzen, kurz aufkochen und auf etwa 50 Grad abkühlen lassen. Eigelb mit Brühe, Salz und Zitronensaft in einer Schüssel im Wasserbad cremig schlagen. Die Masse vom Herd nehmen. Die Butter in einem dünnen Strahl unter ständigem Rühren mit dem Schneebesen eingießen, bis die Sauce sämig wird; zuletzt pfeffern. Die Hopfenbündel abtropfen lassen, die Fäden entfernen. Die Triebe portionsweise anrichten und jeweils mit etwas Sauce überziehen.

Hopfenspitzen in Buttersauce

Für 4–6 Personen:

500 g Hopfensprossen

FÜR DIE SAUCE:

3 EL Butter
1 EL glattes Mehl
$^1/_4$ l Hopfen-Kochsud
1 Eßlöffel Zitronensaft
Prise Zucker
Salz
reichlich weißer Pfeffer

Die Hopfensprossen in der vorher beschriebenen Weise kernig weich kochen und warm stellen. $^1/_4$ l der Kochflüssigkeit aufheben und abkühlen lassen. 1 EL Butter und 1 EL Mehl mit dem Kochlöffel zerdrücken und in einer Pfanne schmelzen lassen. Mit dem Hopfenkochsud aufgießen und zu einer dicklichen Sauce verkochen. Noch 2 EL Butter einrühren und mit dem Schneebesen schaumig schlagen. Die Sauce mit Zitronensaft, Zucker, Salz und Pfeffer abschmecken und heiß über die portionsweise angerichteten Hopfensprossen gießen.

Hopfensprossen mit Sauce Vinaigrette

Für 4–6 Personen:

500 g Hopfensprossen

FÜR DIE SAUCE:

3 EL Weinessig
2 EL Öl
Salz
Pfeffer
nach Belieben $^1/_2$ TL Senf

Die Hopfensprossen in der bereits beschriebenen Weise weich kochen, abtropfen lassen und kalt stellen. Die Zutaten für die Sauce Vinaigrette nacheinander in eine große Schüssel geben und mit dem Schneebesen so lange schlagen, bis eine cremige Sauce entsteht. Jeweils ein EL voll kommt kurz vor dem Anrichten über jede Portion Hopfenspitzen.

Eine *Garnierung* aus klein gehacktem, rohem oder gekochtem Schinken und fein gehackten hart gekochten Eiern schmeckt besonders gut.

Hopfensprossen pikant

Für 4–6 Personen:

750 g Hopfensprossen
2 l Salzwasser

Für die Marinade:

$^1/_4$ l Weißwein
$^1/_8$ l Essig
$^1/_8$ l Milch
1 TL Zucker
125 g Butter
Salz
weißer Pfeffer

Die Hopfensprossen in 5–7 cm lange Stücke schneiden, gründlich waschen, ungebündelt im Salzwasser (höchstens 2 Minuten) kernig weich kochen, abseihen und warm stellen.

Die Zutaten für die Marinade erhitzen, aber nicht kochen lassen. Darin die Hopfensprossen 10 Minuten ziehen lassen und vorsichtig durchmischen. Die Butter erwärmen, jedoch nicht aufschäumen.

Vor dem Servieren werden die Sprossen aus der Marinade genommen, auf vorgewärmten Tellern angerichtet und erst bei Tisch mit Pfeffer aus der Mühle gewürzt und der Butter übergossen.

Hopfentriebe in Pfannkuchenteig

Die jungen, frischgepflückten Hopfentriebe werden zwei Minuten in kochendem Salzwasser blanchiert, mit einem Sieblöffel herausgenommen und abgetropft. Man kann sie nun einzeln oder in Büscheln (je nach Größe) in nicht zu dünnen Pfannkuchenteig tauchen und in heißem Fett goldbraun backen.

Ein Salat aus Hopfensprossen

Aus Hopfentrieben läßt sich eine Fülle köstlicher Salate »komponieren«. Dafür werden die zarten Spitzen nur kurz in Salzwasser gekocht, damit sie kernig bleiben. Abseihen, abkühlen lassen und beliebig sauer anrichten.

Besonders bewährt hat sich eine Marinade aus 2 EL saurer Sahne, 1 EL süßer Sahne, 1 EL Öl, ein wenig fein gehackter Petersilie, Salz und Pfeffer. Diese Zutaten werden verrührt, eventuell mit einem Spritzer Zitrone abgeschmeckt und über die abgekühlten Hopfentriebe gegossen. Der Salat sollte noch eine Stunde im Kühlschrank ziehen.

Schinkenrollen mit Hopfenspitzen

Eine hervorragende Vorspeise für ein festliches Menü!

Für 6–8 Personen:

800 g möglichst dicke Hopfenspitzen, etwa 20 cm lang
300 g roher oder gekochter Schinken
2 EL Butter
$^1/_8$ l Milch
50 bis 80 g geriebener Käse, am besten Emmentaler
1 Prise Zucker
Salz
weißer Pfeffer

Hopfen – wie beschrieben – kernig weich kochen, dann jeweils ein Hopfenbündel nach Entfernen des Zwirns in ein großes Schinkenblatt rollen.

Eine feuerfeste Form mit reichlich Butter einfetten, die Schinkenrollen hineinschichten und mit dem geriebenen Emmentaler bestreuen. Der Rest der Butter wird in einer Pfanne zum Schmelzen gebracht und über den Käse gegossen. Die Auflaufform für etwa 15 Minuten bei 250 Grad ins Backrohr stellen, bis der Käse eine goldbraune Kruste gebildet hat. Dazu schmeckt hervorragend ein Salat aus Löwenzahn, der zugleich mit Hopfensprossen im Frühling reichlich verfügbar ist.

Hopfen-Krabben-Cocktail

Für 6 Personen:

200 g Hopfensprossen
200 g Krabbenfleisch (oder Crevetten)
1 mehliger Apfel
1 EL Zitronensaft
1 EL saure Sahne
$^1/_2$ KL Zucker
Salz, Pfeffer

AMERIKANISCHE COCKTAIL-SAUCE
(Seite 94)

6 junge Salatblätter
1 EL gesalzener Zitronensaft
1 ungespritzte Zitrone

Die Hopfensprossen in der vorher beschriebenen Weise kernig-weich kochen und in Stücke von etwa $^1/_2$ cm Länge schneiden. Den geschälten, entkernten Apfel in dünne Blätter oder kleine Würfel schneiden. Mit den Hopfensprossen, dem Krabbenfleisch (oder den Crevetten) mischen, mit der glattgerührten sauren Sahne, der Zitrone vorsichtig mischen, mit Salz, Zucker und Pfeffer abschmecken und eine Stunde ruhen lassen.

Salatblätter mit gesalzenem Zitronensaft beträufeln und in Cocktailschalen breiten, die Hopfen-Krabben-Mischung portionsweise aufteilen und mit der amerikanischen Cocktailsauce überziehen. Obenauf kommen als Garnierung einige Stücke Krabbenfleisch (Crevetten) und/oder zurückbehaltene Hopfenspitzen sowie Scheiben einer hauchdünn geschnittenen, ungespritzten Zitrone.

Hopfensprossen-Champignon-Salat

Für 6–8 Personen:

500 g Hopfensprossen, gekocht
500 g Champignons, frisch

Für die Marinade:

$^1/_4$ l Wasser
$^1/_4$ l Weißwein
$^1/_8$ l Essig

Für die Würze:

Salz
weißer Pfeffer
Saft von $^1/_2$ Zitrone
8 EL Olivenöl

Die in Stücke geschnittenen Hopfensprossen werden in Salzwasser nur kurz blanchiert, so daß sie kräftig kernig bleiben, dann abgeseiht. Die Champignons in kaltem Wasser gründlich waschen, die Stielenden abschneiden. Die Pilze halbieren oder vierteln. Die Zutaten für die Marinade erhitzen, aber nicht kochen und noch heiß über die mit den Hopfensprossen gemischten Champignons gießen. Zwanzig Minuten ziehen lassen, dann aus der Marinade nehmen, mit Salz, Pfeffer, Zitronensaft würzen und zuletzt mit dem Olivenöl überziehen.

Hopfencremesuppe

Für 4–6 Personen:

300 g Hopfensprossen
$^3/_4$ l entfettete Rindsbrühe
$^1/_4$ l Milch
2 EL Butter
2 EL Mehl
2 EL Weißwein
2 Eigelb
$^1/_8$ l Schlagsahne
1 Prise Zucker
Salz
weißer Pfeffer

Hopfen gut waschen, die Spitzen 3 cm lang abschneiden und beiseite legen. Die Hopfentriebe klein schneiden, in der Brühe 15 Minuten weich kochen, dann passieren. Aus Mehl und Butter eine helle Mehlschwitze bereiten, mit kalter Milch aufgießen, glattrühren, die Brühe mit den pürierten Hopfentrieben, Wein und Zucker hinzufügen. Wenn die Brühe wieder kocht, die Hopfenspitzen zugeben und köcheln lassen, bis diese weich sind. Das Ganze vom Herd nehmen, mit der Mischung aus Eigelb und Sahne legieren, mit Salz und Pfeffer abschmecken.

Ungarische Hopfensuppe

300 g Hopfenspitzen
$^{3}/_{4}$ l Knochenbrühe
2 EL Butter
2 EL Mehl
1 $^{1}/_{2}$ TL milder Paprika
2 Eigelb
$^{1}/_{8}$ l Schlagsahne
Salz
Zucker
Pfeffer

Die Hopfentriebe wie beim Rezept »Schinkenrollen« nur einige Minuten lang kochen – sie sollen kernig bleiben. Aus dem Sud nehmen und in 2–3 cm große Stücke schneiden.

Mehl in Butter goldgelb anschwitzen, den Paprika dazugeben und mit der kalten Brühe aufgießen. Damit keine Klümpchen entstehen, ständig rühren. Sobald die Brühe wieder kocht, die Hopfenstücke hineingeben und bei schwacher Hitze noch ein paar Minuten ziehen lassen. Zuletzt Sahne mit den zwei Eigelben verquirlen, damit die Brühe legieren, mit Salz, Pfeffer und einer Prise Zucker abschmecken. Geröstete Semmel- oder Weißbrotwürfel schmecken als Einlage besonders gut.

Hopfengemüse

Eine wohlschmeckende Beilage zu Fleischgerichten.

Für 4–6 Personen:

600 g Hopfentriebe
150 g Schinken
30 g Butter
30 g Mehl
2 EL gehackte Petersilie oder Geißfußblätter (Giersch)
3 EL Schlagsahne
Zucker
Salz
Pfeffer

Die Hopfensprossen werden in der bereits beschriebenen Weise in einem Sud, dem zum »Entbittern« ein wenig Milch beigegeben wurde, weich gekocht. Dann in 2–3 cm lange Stücke schneiden. Den Kochsud aufheben und abkühlen lassen.

Aus Butter und Mehl eine sehr helle Mehlschwitze zubereiten, mit dem Kochsud aufgießen und zu einer dicklichen Sauce verrühren. In diese kommt nun Petersilie oder die Geißfußblätter und der in feine Streifen geschnittene Schinken, zuletzt die Hopfenstücke. Das Ganze nochmals aufkochen und mit drei EL Sahne verbessern, salzen und pfeffern. Eine Prise Zucker rundet den Geschmack ab.

Hopfenlikör

Der Geschmack dieses wenig bekannten und höchst aromatischen Likörs, dem eine nervenberuhigende Wirkung als »Schlaftrunk« zugeschrieben wird, ist davon abhängig, wann im Spätsommer die Hopfenzapfen gepflückt werden. Je reifer sie sind, desto weniger »Hopfenwürze« sollte man verwenden, da der Likör sonst zu bitter wird.

Grüne ganze Hopfenzapfen
trockener Sherry-Wein
zu gleichen Teilen Wasser und Zucker
für einen Sirup zum Süßen

Eine weithalsige Flasche oder ein Einmachglas von 1 l Inhalt mit den frisch gepflückten grünen Hopfenzapfen anfüllen; mit soviel Sherry übergießen, daß der Hopfen völlig bedeckt ist, und diese Mischung vier Wochen lang gut verschlossen ziehen lassen. (Bei Verwendung reiferer Zapfen auch kürzer.) Danach abseihen oder durch ein Leinentuch filtern und mit dem Zuckersirup je nach Geschmack süßen. (Dafür wird der Zucker in kochendes Wasser gerührt und abgekühlt.)

Tip:
Wilder Hopfen läßt sich einfrieren

Blanchierte und mit Kochsud übergossene Hopfensprossen können erfahrungsgemäß in entsprechenden Gefäßen tiefgekühlt werden. Sie halten ihren Geschmack über viele Wochen. Nützen Sie die kurze Zeit, in der die jungen Triebe geerntet werden können, dazu, sich einen Vorrat für die Sommermonate anzulegen.

Alles über Marinaden und die rechte Mischung der Kräuter:

Zwölf Wildpflanzen für Frühlingssalate

Die in diesem Kapitel behandelten zwölf Wildkräuter sind zwar in erster Linie für Salate gedacht, es lassen sich daraus aber auch Aufstriche, Saucen und warme Gerichte herstellen.

Aus den hier beschriebenen zwölf Wildpflanzen läßt sich eine Fülle wohlschmeckender Salate zubereiten. Der eigenen Fantasie ist beim Komponieren keine Grenze gesetzt, es sollten jedoch herb schmeckende oder scharfe Kräuter (Wegericharten, Brunnenkresse, Barbarakraut und Ackersenf) nur sparsam verwendet und mit mild schmeckenden Pflanzen gemischt werden. Wie schon beim Löwenzahn beschrieben, kann bitterer Geschmack gemildert werden, indem man die Blätter für etwa 20 Minuten in lauwarmes Salzwasser legt. Es gehen dabei jedoch wertvolle Wirkstoffe verloren.

Es können natürlich auch Salatsorten aus dem Garten oder vom Markt mit Wildkräutern kombiniert werden. Auch davon in der Folge einige erprobte Mischungen.

Botanischer Name: **Wohlriechendes Veilchen**

Lat.: Viola odorata

<u>*Volksnamen:*</u>
In Deutschland: Märzveilchen, Viole, Marienstengel

In Österreich: Märzveigerl, Viola, Veigerl, Osterveigerl

In der Schweiz: Veilchen, Märzveilchen, Veieli, Viöli, Märzennägeli, Heckenveilchen

Botanische Merkmale: Ein kriechender, sich ausbreitender Wurzelstock verankert die Veilchenpflanze im Boden. Aus ihm entwickelt sich im März bis April die wohlbekannte Pflanze mit den duftenden violetten Blüten. Diese können selten auch rötlich oder weiß gefärbt sein. Im Herbst blühen Veilchen bisweilen ein zweites Mal.

Standort: In Gärten, besonders an Zäunen und Hecken, an Waldrändern und sonnigen Rainen. Etwa 200 Abarten sind als Zierblumen im Garten bekannt.

Verwendung in der Küche: Sparsam werden Veilchenblätter für Mischsalate verwendet. Nicht nur als Dekoration, sondern auch wegen des feinen Aromas können die Blüten in den Salat gemischt werden.

Gesundheitlicher Aspekt: Pfarrer Kneipp hat das Wohlriechende Veilchen als Heilpflanze gepriesen. Generell wird Veilchentee und Veilchensirup bei Bronchitis zur Schleimlösung, bei Keuchhusten, gegen Herzklopfen, Schlaflosigkeit und Kopfschmerzen empfohlen. In früheren Zeiten wurde auch ein Absud der Wurzeln gegen Alkoholnachwirkungen getrunken – vermutlich, weil er ein kräftiges Brechmittel ist.

Botanischer Name: **Gänseblümchen**

Lat.: Bellis perennis

Volksnamen:
In Deutschland: Augenblümchen, Gänseliese, Katzenblume, Mägdedieb, Maßliebchen, Morgenblume

In Österreich: Angerbleamerl, Gansnagerl, Margriterl, Margeritenblume, Seidenrösl, Tausendschön, Zeitlosenkraut

In der Schweiz: Gänseblüemli, Margritli, Geisseblüemli, Gisegeisseli, Milchblüeml, Mönetli, Chatzeblueme, Mar-Grünggeli, Mümmeli

Botanische Merkmale: Das Gänseblümchen dürfte wohl so bekannt sein, daß sich eine nähere botanische Erläuterung erübrigt. Vielleicht nur soviel: Die Blütenköpfchen, die sich nachts und bei Regen schließen und tagsüber deutlich der Sonne nachwandern, können je nach Standort hellrosa oder dunkler gefärbt sein.

Standort: Überall in Europa, bis auf 2400 Meter ins Hochgebirge allgegenwärtig in Wiesen, Parks und Gärten.

Verwendung in der Küche: Auch für dieses angebliche Unkraut gilt unsere Devise: »Lieber aufessen als mit Gift wegspritzen.« Die inneren jungen Blätter der Rosetten sind im Frühjahr besonders zart und können für Salate verwendet werden, das ganze Jahr über für Wildkräutermischungen oder als Zugabe zu Spinatgemüsen. Die Knospen und die sich eben öffnenden Blüten schmecken angenehm nußartig und können in Essig eingelegt als Kapernersatz dienen (Rezept siehe Seite 161).

Gesundheitlicher Aspekt: Die blutreinigende, entzündungshemmende und entwässernde Wirkung ist seit der Renaissance bekannt. Im 18. Jahrhundert jedoch wurde das Gänseblümchen in Deutschland zum Unkraut erklärt und systematisch vernichtet, weil man es fälschlicherweise für ein abtreibendes Mittel hielt.

Alles über Marinaden und Salatsaucen

Ob Frühlingssalate aus Wildkräutern »nur« wie Blattwerk mit Eigenaroma schmecken oder eine Delikatesse sind, hängt weitgehend – wie bei Gartensalaten auch – von der Marinade ab, die man verwendet. Hier einige der wichtigsten Rezepte, wobei grundsätzlich folgendes zu sagen ist: Für sehr mild schmeckende Wildkräuter wie Gänseblümchen, Schlüsselblume, Vogelmiere, aber auch für den Löwenzahn, sollten fein gewiegte Würzkräuter in die Salatsauce gemischt werden. Falls jedoch Salatmischungen aus herb schmeckenden, würzigen Pflanzen hergestellt werden, läßt man die Kräuter in der Marinade weg.

Anstelle der Würzpflanzen können auch Kräuteressig oder Kräuteröle für die Marinaden verwendet werden (siehe Seiten 155–162), nie jedoch gemeinsam, weil dies zuviel des guten Geschmacks wäre.

Welche Würzmischungen zur Verfeinerung der Salate verwendet werden, ist eine höchst individuelle Sache und ein interessantes Experimentierfeld für Feinschmecker. Es ist noch längst nicht alles erprobt.

Sauce Vinaigrette

Die berühmte französische Salatsauce hat im Lauf ihrer Geschichte eine erstaunliche Wandlung durchgemacht. Es gibt sie heute in den verschiedensten Variationen; eine davon wurde schon im Kapitel »Hopfen« empfohlen. Hier eine Möglichkeit, die unseren Salatzwecken entspricht.

Für 6 Portionen:

6 EL Olivenöl
2 EL Weinessig
½ TL Senf
½ TL roter Paprika (edelsüß)
1 Knoblauchzehe (oder besser Bärlauchöl)
Salz
schwarzer Pfeffer
Zucker nach Belieben
fein gehackte frische Kräuter oder
getrocknete Würzkräuter
wie im Rezept »Schweizer Kräutersauce«
angegeben.

Essig, Senf, Salz, Paprika und den zerdrückten Knoblauch mit einem Schneebesen verrühren. Dann das Öl dazu (stellvertretend für den Knoblauch 1 EL Bärlauchöl) und alles zu einer cremigen Sauce schlagen. Zuletzt werden die frischen oder getrockneten Kräuter dazugemischt.

Würzkräuter-Marinade

Dies ist eine Marinade für alle milden Wildkräuter-Blattsalate, denen nicht herbe Würzkräuter wie Gundelrebe oder Geißfuß (Giersch) beigemischt sind.

Für 4–6 Salatportionen:

4 EL Distel- oder Sonnenblumenöl
2 EL Apfelessig
(Weinessig oder Zitronensaft)
1–2 EL Würzkräuter nach Wahl
(Pastinakenblätter, Gundelrebe,
Geißfuß oder Brunnenkresse)
Salz, wenn möglich Meersalz
$^1/_6$ l Gemüsebrühe

Zuerst Brühe mit Essig mischen und salzen. Die ganz fein gehackten Würzkräuter mit Öl übergießen, durchmischen und erst danach mit dem Essig vermengen.

Schweizer Kräutersauce

Für 4–6 Portionen:

4 EL Öl
4 EL Essig
1 TL Senf
2 EL frische Wildkräuter (Gundelrebe, Brunnenkresse, Pastinake, Quendel oder Dost je nach Wahl) oder statt dessen je eine Prise getrockneten Quendel, getrockneten Dost oder getrocknete Gundelrebe
2 EL in feine Streifen geschnittener Hartkäse oder geriebener Käse
Salz
Pfeffer
Zucker je nach Geschmack

Essig, Senf, Salz, Pfeffer und eventuell Zucker verrühren. Das Öl über die fein gehackten Wildkräuter gießen oder mit den getrockneten Kräutern mischen; dann in die Essig-Senf-Sauce geben. Zuletzt den Käse einrühren.

Buttermilch-Salatsauce

Eignet sich sowohl für Wildkräuterblätter als auch für kalt servierte gedünstete Wurzeln.

Für etwa 6 Portionen:

4 EL Buttermilch
4 EL Magerquark (Topfen)
2 EL Schlagsahne
1 EL kalt gepreßtes Pflanzenöl
1 EL Zitronensaft
1 Prise Meersalz
eventuell 1 Prise Zucker
2 EL fein gehackte Wild- oder Gartenkräuter (kann bei gemischten Blattsalaten auch weggelassen werden)

Wichtig ist, daß der Quark (Topfen) glattgerührt wird. Dann kommen nach und nach die anderen Zutaten dazu; sie werden am besten mit einem Schneebesen eingerührt.

Diese Sauce entweder in der Küche über gedünstete Wurzeln oder trockengeschwenkten Blattsalat gießen oder gesondert auf den Tisch bringen, damit jeder beliebig viel davon nehmen kann.

Amerikanische Cocktailsauce

Gut für Krabben- oder Fischcocktails, aber auch für alle feinen Salate.

Für 6 bis 8 Portionen:

5 EL Mayonnaise
2 EL frisches Tomatenmark
(oder 3 EL Ketchup)
2 bis 3 EL Cognac
Salz
Zucker
weißer Pfeffer
5 EL Schlagsahne

Mayonnaise, Tomatenmark und Cognac gut verrühren und ganz nach Belieben abschmecken. Die steif geschlagene Sahne kurz vor dem Anrichten des Salats vorsichtig unterziehen.

Botanischer Name: **Vogelmiere**

Lat.: Stellaria media, Alsine media

Volksnamen:
In Deutschland: Vogel-Sternmiere, Miere, Meirich, Hühnerdarm, Alsine

In Österreich: Vogelkraut, Hühnerbiß, Feldsternmiere, Mausdarm

In der Schweiz: Hüenerdarm, Hüenersepp, St. Ostgel, Hüenerserb, Vogels-Chrut

Botanische Merkmale: Die Vogelmiere ist ein- oder zweijährig. Sie bildet lockere, stark verzweigte Rasen und ist als Konkurrenzpflanze bei Gärtnern äußerst unbeliebt. Die Stiele sind rund, einreihig, behaart; die Blätter sattgrün, oval und kurz zugespitzt. Sie sitzen gegenständig angeordnet an den Stengeln. Die Vogelmiere blüht das ganze Jahr hindurch, sogar im Winter, wenn die Temperaturen um die Null-Grad-Grenze liegen. Die winzigen Blütenblättchen sind schneeweiß, die Staubgefäße rotviolett oder purpurfarben.

Standort: In Gärten, an Wegrändern, auf Äckern und Schuttplätzen.

Verwendung in der Küche: Die Volksnamen, die für die Vogelmiere gebräuchlich sind, klingen nicht sehr appetitlich und einladend, das jedoch völlig zu Unrecht. Die wenigsten Leute werden wissen, daß dies ein überaus vitaminreiches Wildgemüse ist. Es gibt ein ganz charakteristisches Erkennungsmerkmal. Wenn Sie beispielsweise im Winter frischgrüne Pflanzen mit winzigen Blättern und winzigen Blüten sehen, kosten Sie diese roh: Wenn sie deutlich nach jungen Maiskolben schmecken, handelt es sich um die Vogelmiere.

»Geerntet« werden die Pflanzen im zeitigen Frühjahr für Salatmischungen. Wegen der Fäden in den Stielen sollten sie gehackt werden. Auch für Wildgemüse-Mischungen verwendbar.

Gesundheitlicher Aspekt: In der Volksmedizin wird das ganze Kraut im Frühling gesammelt und getrocknet, dann als Tee gegen Husten und Lungenkrankheiten aller Art verwendet. Pfarrer Sebastian Kneipp hat es wegen seiner schleimlösenden Wirkung in die Heilkunde eingeführt.

Botanischer Name: **Schlüsselblume, Echte Schlüsselblume**

Lat.: Primula veris

<u>*Volksnamen:*</u>
In Deutschland: Wiesenschlüsselblume, Duftende Schlüsselblume, Wiesenprimel, Himmelschlüssel, Arzneischlüsselblume, Heiratsschlüssel, Kraftblume

In Österreich: Himmelschlüssel, Fastenbleaml, Frauenschlüssel, Maiblümel, Allelujableaml, Gamsschlingerl, Eieräuglein

In der Schweiz: Himmelschlüssel, Peterschlüssel, Maiblüemli, Mattetänneli, Fastenblüemli, Butändli, Trubeknöpfli, Ehrenzeichli

Botanische Merkmale: Eine ausdauernde Pflanze, der vielleicht schönste Frühjahrsblüher. Die Blätter sind runzelig, etwas gestielt und an der Unterseite samtig. Auf dem unverzweigten Stengel wachsen im April bis Mai die gelben Blüten, deren schlüsselbundähnliche Gestalt der Pflanze im 16. Jahrhundert ihren Namen gab. Die Blüten riechen süßlich, der Wurzelstock duftet nach Anis.

Standort: An sonnigen Standorten auf Wiesen bis über 2000 Meter hinauf. Sehr oft in großen Mengen. In den Niederungen auch in Gärten.

Verwendung in der Küche: Für Frühlingssalate eignen sich die Blätter aus dem Inneren der Rosette besonders gut. Später können auch größere Blätter für Gemüse- und Kräutersuppen Verwendung finden.

Gesundheitlicher Aspekt: In der Heilkunde werden vor allem Tees aus den getrockneten Wurzeln gegen Husten und Bronchitis bereitet. Blätter und Blüten sind leicht entwässernd, ein aromatischer Tee aus den Blüten wird ebenfalls zur Hustenlinderung angewandt.

Botanischer Name: **Ackersenf**

Lat.: Sinapis arvensis

Volksnamen:
In Deutschland: Wilder Rettich, Senfkraut

In Österreich: Hederich

In der Schweiz: Körk, Drill, Hiark, Dill, Küddik, Hederich

Botanische Merkmale: Ein allseits bekanntes Ackerunkraut, 20–60 cm hoch. Der Stengel ist aufrecht, oben kahl und bläulich bereift. Die Blätter sind gestielt, verkehrt eiförmig, rauh behaart und werden nach oben hin deutlich kleiner und länglicher. Blütezeit ist von April an bis Oktober. Die Kreuzblüten mit vier Kelchblättern und vier Kronblättern sind knallgelb und stehen in achselständigen Trauben am Stamm. In den Samenschoten entwickeln sich die bekannten Senfkörner.

Standort: Als »Unkraut« auf Schutthalden, Äckern, Böschungen, gelegentlich auch in Gärten. Ackersenf liebt kalkhaltige und nährstoffreiche Lehmböden. Vorkommen in West-, Süd- und Mitteleuropa.

Verwendung in der Küche: Das deutlichste Erkennungsmerkmal für den Ackersenf ist der scharf-rettichartige Geschmack der Blätter. Diese werden vor der Blüte gesammelt, weil sie später stark bitter werden. Sparsam verwendet, ist der wilde Senf eine gute Würze für Salatmischungen, auf Brühen und im Gemüse.

Gesundheitlicher Aspekt: Früher wurde Ackersenf in der Volksmedizin verwendet. Vor allem als Senfpflaster, gegen Gicht und Gelenkentzündungen.

Knoblauch-Salatsauce

Für 6 Portionen:

2 Knoblauchzehen (oder, noch besser,
im Frühling 4 Bärlauchblätter)
1 TL Bärlauchöl (siehe S. 56)
4 EL Distel- oder Sonnenblumenöl
2 EL Apfelessig
Salz, Pfeffer
eventuell Zucker

Die Knoblauchzehen mit Salz zerdrücken (die Bärlauchblätter fein wiegen und etwas salzen, um ihnen die Schärfe zu nehmen) und mit dem Öl verrühren. Essig mit Salz, Pfeffer und Zucker (eventuell ein wenig Wasser dazu) vermischen und mit dem Öl zu einer Sauce schlagen.

Salatsauce mit Nüssen

Gut für gekochte Hopfensprossen, Klettenmark und gedünstete Wurzeln verschiedener Wildkräuter.

Für 4–6 Portionen:

$^1/_4$ l saure Sahne
50 g Walnüsse
1 EL Zitronensaft
Salz
eventuell 1 Prise Zucker

Die saure Sahne gut verrühren, mit den mehlfein geriebenen Nüssen vermengen, mit Zitronensaft, Salz und Zucker abschmecken.

Anstelle von Walnüssen können auch andere Nüsse verwendet werden, besonders Cashew.

Sauerrahm-Marinade

Für 4–6 Portionen:

$^1/_4$ Liter saure Sahne
$^1/_2$ TL milder Senf
1 TL weißer Weinessig
Salz
weißer Pfeffer
1 Prise Zucker
getrocknete oder frische Wildkräuter nach Belieben

Die saure Sahne in einer Schüssel glattrühren, mit den Zutaten pikant süßsauer abschmecken und zuletzt die Kräuter untermischen.

Italienische Marinade

Für 6 Portionen:

5 EL gutes Olivenöl
5 EL roter Weinessig
Salz
Pfeffer
1 Schalotte, ganz fein gehackt
$^1/_2$ Knoblauchzehe (oder ein Spritzer Bärlauchöl)
als Würzkräuter Rosmarin, Dost, Quendel,
eventuell auch Petersilie und Basilikum

Alle Zutaten werden mit dem Schneebesen oder dem Handmixer zu einer sämigen Sauce geschlagen.

Diese Marinade eignet sich besonders für die leicht bitteren Wildkräutersalate (Löwenzahn, Wegerich-Arten). Sie wird auch in Italien gerne für eher bittere Salatsorten wie Endivien oder Radicchio verwendet.

Tomaten-Salatsauce

Für 6 Portionen:

$^1/_8$ l Tomatensaft (oder $^1/_2$ EL Tomatenmark, mit Wasser verdünnt)
1 Bärlauchzwiebel (wahlweise 4 Bärlauchblätter oder eine Knoblauchzehe)
1 TL fein gehackter Geißfuß (oder Petersilie)
1 Spritzer Zitronensaft
1 KL Zucker
Salz
reichlich weißer Pfeffer
2 EL Öl

Alle Zutaten vermischen, je nach Geschmack mit Zucker und Salz abschmecken und mit dem Öl zu einer cremigen Sauce rühren, am besten mit einem Schneebesen.

Empfehlenswerte Salat-Mischungen

Nach einem langen Winter entwickeln viele Menschen geradezu Heißhunger auf vitaminreiche Kost. Hier einige Vorschläge für Frühlingssalate, die nicht nur den »Vitaminhunger« zu stillen vermögen, sondern zugleich auch Delikatessen sind.

Acht-Kräuter-Salat

Dieser Frühlingssalat besteht aus acht (oder wahlweise neun) Pflanzen, die entweder als »Unkraut« im Garten wachsen oder leicht von einem Ausflug ins Grüne mitgebracht werden können.

3 Teile Löwenzahnblätter
2 Teile Blätter der Schlüsselblume
1 Teil Vogelmiere
1 Teil Spitz- und Breitwegerich
1 Teil Gänseblümchen (Blätter, Knospen und junge Blüten)
ein paar Veilchenblätter und Veilchenblüten

ZUM WÜRZEN:

1 EL Geißfuß und/oder ebensoviel Brunnenkresse
(diese Wildkräutermischung kann nach persönlichem Geschmack variiert werden)

FÜR DIE MARINADE:

1 Teil Apfelessig
1 Teil Öl
Salz
Pfeffer
eventuell 1 Prise Zucker
1 hart gekochtes Ei
saure Sahne

Die Blätter von Löwenzahn und Schlüsselblume werden in grobe Stücke, die Spitzwegerich- und Breitwegerichblätter wegen der faserigen Blattnerven nudelig geschnitten, die Vogelmiere klein gehackt, ebenso die Gänseblümchenblätter. Veilchenblüten und Veilchenblätter bleiben im ganzen. Die

Würzkräuter Geißfuß und Brunnenkresse werden ganz fein gewiegt.

Aus Essig, Öl, Salz und Pfeffer (eventuell Zucker) mit dem Schneebesen eine Marinade schlagen, bis diese von cremiger Konsistenz ist. Die Marinade über den Salat gießen, mit den Kräutern gut durchmischen und ziehen lassen.

Zuletzt kommt obenauf nach Belieben ein Löffel saure Sahne und das fein gehackte Ei.

Botanischer Name: **Hirtentäschel**

Lat.: Capsella bursa-pastoris

Volksnamen:
In Deutschland: Gemeines Hirtentäschelkraut, Bauernsenf, Schneiderbeutel, Herzkraut, Taschenkraut, Kochlöffel, Schinkenkraut

In Österreich: Bettseicherl, Herzelkraut, Täschelkraut, Säckelkraut, Löffeldieb

In der Schweiz: Medikus, Schüfelichrut, Täschelkraut, Himmelsbutterbrot, Bureschinke, Taschendieb, Säcklichrut, Löffeli

Botanische Merkmale: Die Pflanze, mit deren verkehrt-herzförmigen Samenschoten Kinder gern spielen und auch davon naschen, dürfte allgemein bekannt sein. Die Samenform, die den früher verwendeten Taschen der Hirten ähnelt, gab ihr wohl den Namen. Die im Frühjahr keimenden Samen sterben im Herbst ab, die Herbstsamen keimen noch, überwintern als Blattrosette und blühen erst im folgenden Jahr. Hirtentäschel wird bis zu 50 cm hoch. Die kleinen weißen Blüten in lockeren Trauben sind das ganze Jahr über zu finden. Die Blätter sind sehr unterschiedlich, mehr oder weniger stark gefiedert, manchmal sogar den Löwenzahnblättern ähnlich.

Standort: Das Hirtentäschel ist ein in Europa fast allgegenwärtiges »Unkraut«. Man findet es in Gärten, auf Feldern, Schutthalden, in Weingärten und an Wegrändern. Die Verbreitung reicht bis ins Hochgebirge auf 2200 Meter Höhe.

Die Verwendung in der Küche: Wegen seines herb-bitteren Geschmacks eignet sich Hirtentäschel besonders für deftige Salatmischungen, allerdings nur sparsam angewandt. Die Blätter werden vor der Blüte gesammelt – wegen der seltsamen Vegetationsfolge sind praktisch das ganze Jahr über blütenlose Pflanzen zu finden. Bisweilen sind diese allerdings von einem Pilz befallen, der die Blätter weißlich färbt. Diese muß man meiden, weil es Hinweise darauf gibt, daß der Pilz Magenstörungen verursacht.

Gesundheitlicher Aspekt: In der Volksmedizin galt das Hirtentäschel als wirksames Mittel zum Blutstillen und wurde noch während beider Weltkriege in Ermangelung von Medikamenten verwendet. Auch als Tee gegen Verdauungsstörungen.

Botanischer Name: **Geißfuß oder Giersch**

Lat.: Aegopodium podagraria

Volksnamen:
In Deutschland: Gichtkraut

In Österreich: Goaßhaxn, Hinfuß, Zipperleinskraut, Schwierkraut, Seichblattl

In der Schweiz: Baumtropfen, Schattenblatt

Botanische Merkmale: Die Pflanze hat einen kriechenden, mit Ausläufern stark wuchernden Wurzelstock. Die Blätter sind grundständig, zwei- oder dreizählig. Die Fiederblätter sind am Rand gesägt und lanzettförmig. Der hohe Stiel, bis zu einem Meter hoch, trägt große Blütendolden an zwölf bis zwanzig gleich langen Strahlen. Die Blüten sind weiß, manchmal zart rosafarben. Blütezeit von Mai bis September.

Standort: Ein kaum ausrottbares »Unkraut« in Gärten und Parks. Auch an Zäunen, unter Hecken, in schattigen Wäldern, an Bach- und Flußufern.

Verwendung in der Küche: Gepflückt werden die jungen, zarten Blätter vor der Blüte. Sie haben einen petersilienähnlichen Geruch. Wer die Pflanze wirklich gut kennt, kann auch die ersten sprießenden Schößlinge im Frühling nehmen. Mit zunehmendem Alter wird der Geschmack und der Geruch der Pflanze intensiver, dann ist sie besser zum Trocknen geeignet; ein wertvolles Gewürz. Die frischen Blätter verwenden wir am besten für gemischte Frühlingssalate, in Quarkaufstrichen oder gehackt als Brühenwürze.

Eine Verwechslung mit ungenießbaren oder giftigen Pflanzen, etwa mit dem Heckenkälberkropf oder Taumel-Kälberkropf (lat. *Chaerophyllum temulum*) ist schon wegen des charakteristischen Geruches des Geißfußes nicht möglich. Dennoch sollte man die Pflanze ganz genau kennen.

Gesundheitlicher Aspekt: Ein alkoholischer Auszug der Blätter galt früher als heilkräftig gegen Hautkrankheiten und Ekzeme. Salben mit Geißfuß wurden gegen Gicht und Rheuma angewandt. Darauf verweist noch der Populärname »Zipperleinskraut«. Heute hat der Geißfuß in der Volksmedizin keine Bedeutung mehr.

Mai-Salat

Für 4–6 Portionen:

150 g Vogelmiere
100 g ganz junge Huflattichblätter
50 g Sauerampferblätter
10 g Geißfußstengel
15 Blätter der Gundelrebe

Vogelmiere, Geißfuß und Gundelrebe klein hacken, Huflattich und Sauerampfer nudelig schneiden. Für diese pikantwürzige Mischung empfiehlt es sich, eine der cremigen Salatsaucen zu verwenden. Ein paar Sauerampferblätter bleiben zum Garnieren im ganzen.

Kräutersalat mit Champignons

Für 4–6 Portionen:

200 g Löwenzahnblätter
1 Handvoll ganz junge Wegerichblätter
3 EL Geißfußblätter (oder Gundelrebe)
200 g frische Champignons
100 g gekochter Schinken

Für die spezielle Marinade:

4 EL saure Sahne
4 EL Schlagsahne
1 EL Zitronensaft
1 EL Kräuteressig (siehe Seite 157)
Salz
Pfeffer
1 Prise Zucker

Zuerst die Marinade zubereiten, gut mit Salz, Pfeffer und Zucker abschmecken. Die Champignons (sie bleiben roh) kurz und gründlich waschen, abtropfen lassen, blättrig schneiden und sogleich in die vorbereitete Marinade geben (damit sie nicht braun werden).

Die Löwenzahnblätter grob, die Wegerichblätter nudelig schneiden, und zusammen mit dem klein gewürfelten Schinken in die Marinade mischen.

Den Salat mit fein gewiegtem Geißfuß (oder Gundelrebe) bestreuen und mit einigen ganzen Blättchen der Würzkräuter garnieren.

Statt der Champignons können natürlich später im Jahr auch feinblättrig geschnittene, ganz junge Herren- oder Steinpilze genommen werden.

Chinakohl mit Frühlingskräutern

Für 4 Personen:

1 kleiner Kopf Chinakohl (200 bis 300 g)
60 g Blätter vom Löwenzahn,
Schlüsselblume und
Gänseblümchen gemischt
1 EL junge Bärlauchblätter

Den Chinakohl nudelig schneiden und mit den grob gehackten Wildpflanzen vermischen. Die besondere Würze ergeben die fein gehackten Blätter des wilden Knoblauchs.

Bewährt hat sich eine Essig-Öl-Marinade, die mit einem TL Honig gesüßt wird.

Feldsalat mit Wildpflanzen

Für 4–6 Portionen:

150 g Feldsalat (Vogerlsalat)
80 g Brennesseltriebe (nur die Herzblätter)
2 EL Geißfuß
1 EL Barbarakraut (oder Brunnenkresse)
4 gekochte Salatkartoffeln

FÜR DIE ERPROBTE SPEZIALMARINADE:

2 EL saure Sahne
2 EL Schlagsahne
1 EL Öl
3 EL Milch
1 EL Weinessig
2 hart gekochte Eier
Salz
eventuell 1 Prise Zucker

Zuerst die Marinade zubereiten: Das Gelbe aus den gekochten Eiern lösen und mit einer Gabel zerdrücken. Die flüssigen Zutaten in der angegebenen Reihenfolge vermischen, mit Salz und eventuell Zucker abschmecken und das zerdrückte Eigelb dazumischen.

Brennessel kurz in Öl legen, damit sie nicht mehr brennt. Feldsalat, Brennessel und Geißfuß je nach Größe der Blätter nur etwas durchhacken und mit der Marinade mischen, kurz ziehen lassen. Das (gekochte) Eiweiß und das Barbarakraut werden fein gehackt und über den angerichteten Salat gestreut.

Kopfsalat mit milden und scharfen Kräutern

Für 4–6 Portionen:

1 Kopfsalat (oder Chinakohl) ca. 200 g
1 Handvoll Gänseblümchenblätter
1 Handvoll Wegerichblätter
1 Handvoll Blätter vom Hirtentäschel
2 EL scharfe Würzkräuter (Brunnenkresse, Barbarakraut oder Ackersenf)

Den Kopfsalat in kleine Stücke zupfen (Chinakohl nudelig schneiden), die Salatkräuter grob hacken, die Würzkräuter fein wiegen. Für diese Salatmischung eignet sich am besten eine Essig-Öl-Marinade. Die Würzkräuter werden zuletzt über den angerichteten Salat gestreut.

Sechskräuter-Salat

Für 4–6 Portionen:

150 g Vogelmiere
100 g Brennesselspitzen (nur die Herzen der jungen Triebe)
1 Handvoll Gänseblümchenblätter
1 Handvoll Blätter der Schlüsselblume
2–3 EL fein gehackte Würzkräuter (Pastinake, Geißfuß oder Bärenklau)

Die Vogelmiere ebenso wie die Brennesseltriebe, Gänseblümchen und Schlüsselblumenblätter grob hacken bzw. schneiden. Alle Pflanzen, auch die Würzkräuter, gut durchmischen und eine Marinade mit großem Anteil an Öl verwenden. Dann brennen die Brennesseln nicht mehr und die rauhen Blätter von Pastinake und Bärenklau werden zart.

Botanischer Name: **Brunnenkresse, Echte Brunnenkresse**

Lat.: Nasturtium officinale

Volksnamen:
In Deutschland: Wasserkresse, Kressekraut

In Österreich: Bachkresse, Wasserkresse

In der Schweiz: Wassersenf, Weiße Kresse, Bachkresse

Botanische Merkmale: Brunnenkresse ist eine ausdauernde, sehr feuchtigkeitsliebende Pflanze, die bis zu 80 cm hoch wird. Die Stengel kriechen meist niedrig dahin, sind fleischig, rund und kahl. Die Grundachse des Stiels ist hohl und reich bewurzelt. Die dunkelgrünen, fleischigen Blätter stehen gefiedert, wobei die Endblättchen meist am größten sind. Sie schmecken rettichähnlich scharf. Brunnenkresse blüht zwischen Mai und September, die kleinen weißen Blütchen mit vier Kelchblättern und vier kreuzständigen Kronblättern stehen in Trauben. Aus ihnen entwickeln sich runde Schoten mit vier Reihen Samen. Eine geringe Verwechslungsmöglichkeit besteht mit dem Bitteren Schaumkraut *(Cardamine amara L),* doch der Geschmack der Brunnenkresse ist unverkennbar.

Standort: An klaren Quellen, langsam fließenden, sauberen Gewässern und in Gräben, fast überall in Mitteleuropa bis ins Hochgebirge auf 2500 Meter.

Verwendung in der Küche: In vielen Gegenden ist Brunnenkresse legendär und wird auch in großen Mengen kultiviert. Gesammelt werden die jungen Triebe und Blätter zwischen März und Mai, später auch im November und Dezember. Im Sommer schmeckt die Pflanze brennend scharf und bitter.

Wichtig: Brunnenkresse soll nur aus wirklich sauberen Gewässern genommen und sorgfältig gewaschen werden. Dem ersten Waschwasser gibt man einen Schuß Essig bei, um eventuell vorhandene Insektenlarven zu entfernen.

Wichtig auch: Die gesammelten Triebe sollen möglichst naß transportiert und in Wasser aufbewahrt werden, weil sie sonst ihr Aroma verlieren.

Brunnenkresse ist eine überaus vitaminreiche Pflanze, die vorwiegend roh als Salat oder in Aufstrichen gegessen wird. Es gibt davon aber auch eine exzellente Brühe.

Gesundheitlicher Aspekt: Wegen des hohen Vitamin- und Mineralstoffgehalts ist Brunnenkresse eine beliebte und von altersher bekannte Heilpflanze, die vor allem bei Blutreinigungskuren angewandt wird. Sie wirkt auch fiebersenkend.

Botanischer Name: **Barbarakraut**

Lat.: Barbarea vulgaris

Volksnamen:
In Deutschland: Echtes Barbarakraut, Echtes Barbenkraut

In Österreich: Winterkresse

In der Schweiz: Barbarachrut

Botanische Merkmale: Die zweijährige, sehr vielgestaltige Pflanze wird bis zu 60 cm hoch. Der Stiel ist aufrecht, gerieft und fast kahl. Die unteren Blätter sind langgestielt und dreifach gefiedert, mit einem eirunden Endlappen. Im Gegensatz zum Ackersenf, mit dem das Barbarakraut verwechselt werden kann (was aber keine Rolle spielt), sind die Blätter nicht rauh, sondern glatt. Die Blüten sind leuchtend zitronengelb in großen endständigen Trauben und von April bis September zu finden. Aus ihnen entwickeln sich Samenschoten mit zwei Klappen, von denen jede eine Reihe runder Körner enthält. Der Volksname »Winterkresse« bezieht sich auf den kresseartigen Geschmack der Blätter und zweitens darauf, daß die Grundrosette des Barbarakrauts auch im Winter grün bleibt.

Standort: Auf Kiesbänken, feuchten Wiesen, an Uferböschungen, in fast ganz Europa bis 1500 Meter Höhe.

Verwendung in der Küche: Was für den Ackersenf gesagt wurde, gilt weitgehend auch für das Barbarakraut, nur mit dem Unterschied, daß dieses auch im Winter zur Verfügung steht.

Im Frühling werden die jungen Blätter noch vor der Blüte gesammelt. Sparsam verwendet, sind sie ebenfalls eine Bereicherung der Frühlingssalate und können wie Kresse angewandt werden.

Gesundheitlicher Aspekt: Dem Barbarakraut werden appetitanregende, blutreinigende und entwässernde Wirkungen nachgesagt. Wegen des hohen Vitamin-C-Gehaltes der Blätter ist die Pflanze gesundheitlich besonders wertvoll, verliert ihre Wirksamkeit allerdings, wenn sie getrocknet wird.

Aufstriche, Saucen und warme Gerichte

Eine Sammlung von Rezepten mit diesen zwölf Wildpflanzen verlockt zu der Anmerkung, daß sich aus einigen von ihnen auch wohlschmeckende Brotaufstriche, Saucen und warme Speisen herstellen lassen. So werden beispielsweise viele Feinschmecker, die das Wort Kresse hören, automatisch an die delikate Kressesuppe denken. In der Folge einige der besten Rezepte.

Kräutersalat mit Wiesenbocksbart

Für 4 Personen:

100 g Triebe und Blätter vom Wiesenbocksbart
(siehe Seite 192 ff.)
50 g Knöterichblätter
50 g Blätter des Spitzwegerichs
(oder Breitwegerichs)
2 Stengel junger Geißfuß (Giersch)
4 große Kopfsalat-Blätter zum Anrichten

FÜR DIE MARINADE:

$^1/_{16}$ l kalte Gemüsebrühe
1 EL Apfelessig
3 EL Pflanzenöl (möglichst kalt gepreßt)

Wiesenbocksbart und Knöterich grob schneiden, Spitzwegerich (oder Breitwegerich) fein nudelig schneiden (vom Wegerich werden nur die zarten jungen Innenblätter der Rosette verwendet). Den Geißfuß (Giersch) so fein hacken, wie üblicherweise Petersilie.

Die Marinade zubereiten: Essig in die Gemüsebrühe geben, salzen, gut verrühren. Danach das Öl mit dem Schneebesen einschlagen, bis eine Emulsion entsteht. Zuletzt kommen die gehackten Gierschblätter dazu.

Die Marinade wird über die geschnittenen Kräuter gegossen und mit diesen gut gemischt.

Portionsweise auf großen Salatblättern angerichtet, sehen diese marinierten Wildkräuter besonders appetitlich aus.

PS: Anstelle von Giersch können natürlich auch andere Würzkräuter wie Estragon, Basilikum oder Schnittlauch verwendet werden.

Brotaufstrich mit Frühlingskräutern

Für 3 bis 4 Personen:

250 g Magerquark (Topfen)
$^{1}/_{8}$ l saure Sahne
1 EL Zitronensaft
Salz, Pfeffer
1 Prise Zucker
je 1 TL gehackter Wegerich, Gänseblümchen, Bärlauch und Geißfußblätter
hart gekochte Eier für die Garnitur

Den Quark (Topfen) glattrühren, die saure Sahne dazumischen, mit Zitronensaft, Salz, Pfeffer und Zucker abschmecken. Die Kräuter fein hacken und kurz vor dem Anrichten unter den Aufstrich rühren. Als Garnierung und Beigabe hart gekochte, in Hälften geschnittene Eier um den Quark anordnen.

Brunnenkresse-Aufstrich

Für 4–6 Personen:

500 g Quark (Topfen)
1/4 l saure Sahne
1 kleine Zwiebel
1 TL Senf
Salz
Pfeffer
1 Prise Zucker
3–4 EL Brunnenkresse, fein gehackt

Den Quark (Topfen) in einer Schüssel mit der sauren Sahne glattrühren. Die Zwiebel so fein wie möglich hacken und hinzufügen. Die Sauce mit Senf, Salz, Pfeffer und Zucker abschmecken; zuletzt die fein gehackte Brunnenkresse einrühren.

Auf Schwarzbrot gestrichen, ist dieser Belag eine pikante und vitaminreiche Bereicherung des Speisezettels im Frühling.

Kräutersauce für Fischgerichte

Für 4–6 Portionen:

1/4 l saure Sahne
1 TL Zitronensaft
1 EL milder Senf
1 TL Zucker
Salz, Pfeffer
Kräuter wie bei »Brotaufstrich mit Frühlingskräutern«

Die saure Sahne ganz glatt rühren, mit Zitronensaft, Senf, Zucker, Salz und Pfeffer abschmecken und zuletzt mit den Kräutern vermischen. Eine exzellente Sauce für Fischgerichte und gegrilltes Fleisch.

Herbe Wildkräutersauce

Für 4–6 Personen:

2 EL fein gehackter Geißfuß (Giersch)
2 EL gehackte Wegerichblätter
1 TL Hirtentäschelblätter
2 EL saure Sahne
1 TL milder Senf
$^{1}/_{2}$ TL Zucker
etwas Zitronensaft
Salz
reichlich weißer Pfeffer

Die Butter in einer Schüssel schaumig rühren, mit der sauren Sahne vermischen, würzen und kräftig abschmecken. Zuletzt kommen die fein gehackten herben Wildkräuter dazu. Diese Sauce eignet sich besonders gut für Grillspeisen.

Kalte Kressesauce mit Pellkartoffeln

Für 4 Personen:

2–3 EL Brunnenkresse
125 g Magerquark (Topfen)
$^{1}/_{4}$ l Joghurt oder Sauermilch
60 g zimmerwarme Butter
Salz
1 kg Kartoffeln mittlerer Größe

Die Kartoffeln in der Schale dämpfen. Unterdessen die Sauce bereiten. Quark (Topfen) und Joghurt mit etwas Salz gut verrühren, die feingehackte Kresse untermischen. Die Butter schaumig rühren und langsam in die Sauce mischen.

Die heiß geschälten Kartoffeln und die kalte Sauce gesondert auftragen.

Botanischer Name: **Huflattich**

Lat.: Tussilago farfara

Volksnamen:
In Deutschland: Fohlenfuß, Hufblatt, Bachblümlein, Brustlattich, Roßhub, Hitzeblätter

In Österreich: Bachblümel, Märzblümel, Lehmblümel, Seichblümel, Berglatschen, Brandlattich, Zeitrösele

In der Schweiz: Zytröseli, Märzenblüemli, Teeblüemli, Doktoreblüemli, Hitzeblätter, Schnäggeblagge, Roßhuf, Lehmblüemli, Eselschrut

Botanische Merkmale: Noch vor den Blättern erscheinen im Februar die ersten Huflattichblüten an weiß-filzigen, schuppigen Schäften, etwa 10 bis 15 cm hoch mit jeweils einem gelben Blütenkopf. Erst wenn diese zu haarigen Samenständen geworden sind, beginnen die unter der Erde schlummernden Blattanlagen aus einem rübenförmigen, ausläufertreibenden Wurzelstock zu wachsen. Die Blätter sind bodenständig, gestielt, im Umriß vieleckig und oben grün, an der Unterseite filzig weiß.

Standort: An feuchten, lehmigen Böschungen, Fluß- und Bachufern, an Straßenrändern, in Steinbrüchen und auf Dämmen. Huflattich gilt als überaus widerstandsfähiges, kaum ausrottbares »Unkraut«. Man findet es in ganz Europa bis 2600 Meter Höhe.

Verwendung in der Küche: Als Heilpflanze ist Huflattich wohl allgemein bekannt, nicht aber, daß die jungen Blätter eine würzige, herbe Beigabe zu Mischsalaten im Frühling sind und auch in Form von Gemüse gekocht verwendet werden können. Gesammelt werden die Blätter im Frühjahr, wenn sie noch zart sind; später werden sie eher derb und lederig.

Gesundheitlicher Aspekt: Sowohl Blüten als auch Blätter enthalten viele Mineralstoffe, Salze und ätherische Öle, weshalb Huflattich schon von den Naturärzten des Altertums verwendet wurde. Teemischungen wirken bei Heiserkeit, Bronchitis, Rachenkatarrh und allen Erkrankungen der Atemwege.

Botanischer Name: **Spitzwegerich und Breitwegerich**

Lat.: Plantago lanceolata (der Spitze)
Plantago major (der Breite)

Volksnamen:
In Deutschland: Großer Wegerich, Spitzwegblatt, Spießkraut, Schlangenzunge, Rippenkraut

In Österreich: Heufressa, Hundsrippen, Lungenblattl, Roßrippen, Spießkraut, Spießfederich, Vogelwürstelpflanze, Wegetritt

In der Schweiz: Nervenkraut, Wegebreit, Wegtritt, Hundsrippe, Heilwegerich, Wundwegerich, Lungenblatt, Ballenblätter, Aderchrut, Ripplichrut

Botanische Merkmale: Alle Wegericharten sind ausdauernde, im Extremfall bis 60 cm hohe Pflanzen, deren Blätter ganz charakteristische, parallele »Nerven« aufweisen, und in einer grundständigen Rosette angeordnet sind. Beim Spitzwegerich sind die Blätter lanzettlich, die Blütenähren kurz und weißlich. Beim Breitwegerich liegen die Blätter oft dicht am Boden, sie sind breit und eiförmig, bei der älteren Pflanze lang gestielt. Die lange Blütenähre schimmert rötlich. Die reifen Fruchtstände des Breitwegerichs sind ein beliebtes Vogelfutter. Deshalb der Name Vogelwürstel.

Standort: Es gibt kaum »Unkräuter«, über die Gärtner mit Hang zu englischem Rasen so sehr schimpfen, wie über den Spitzwegerich und noch ärger über den Breitwegerich. Beide Arten kommen auf Wiesen, Weiden, im Ödland, an Wegen und in Gärten bis über 2000 Meter Seehöhe sehr häufig vor.

Verwendung in der Küche: Wegen der gleichartigen Anwendung in der Küche haben wir diese beiden Pflanzen zusammengefaßt. Gesammelt werden die jungen Blätter im März und April, solange sie noch keine harten Blattnerven haben. Später müßten die zähen Fasern entfernt werden, was zuviel Mühe macht. Die Blätter haben einen recht herben Geschmack und verleihen Salatmischungen und Gemüsen eine besonders herzhafte Note.

Gesundheitlicher Aspekt: Aus den getrockneten Blättern und Wurzeln werden Tees hergestellt, die bei Husten, Lungenasthma und allen anderen Erkrankungen der Atmungsorgane mit großem Erfolg wirksam sind.

Huflattichrouladen

(siehe Foto Seite 251)

Für 4–6 Personen:

10 bis 14 mittelgroße, junge Huflattichblätter
600 g Hackfleisch (halb Rind, halb Schwein)
1 EL Öl
60 g Räucherspeck
1 mittelgroße Zwiebel
2 Eier
2 Semmeln (wahlweise Weißbrotscheiben)
2–3 EL Öl
½ l Gemüsebrühe
1 EL Mehl
2 EL Schlagsahne
1 EL Geißfuß (oder Petersilie, fein gehackt)
1 Zehe Knoblauch
(oder 1 kleine Bärlauchzwiebel)
Salz, Pfeffer, 1 Prise Quendel

Den Räucherspeck fein hacken, in einem EL Öl anbraten, die klein geschnittene Zwiebel darin glasig dünsten. Geißfuß und zerquetschten Knoblauch beigeben, kurz durchmischen und etwas abgekühlt zum Hackfleisch in eine Rührschüssel geben. Die beiden Semmeln (Weißbrotschnitten) in Wasser einweichen, gut ausdrücken und zum Fleisch geben. Mit den verquirlten Eiern und den Gewürzen zu einer Fleischmasse verarbeiten.

Die Huflattichblätter kurz in Salzwasser blanchieren, damit sie geschmeidig werden. Aus dem Fleischteig kleine Würstchen formen, in die Blätter rollen und diese mit Zwirn zubinden. Sobald Blätter und Fleisch aufgebraucht sind, die Rouladen in Öl (auch Butter oder Schmalz) rundum rasch anbraten, mit der Gemüsebrühe aufgießen und zugedeckt langsam weich dünsten.

Nach etwa einer halben Stunde werden die Rouladen aus der Kasserolle genommen und warm gestellt. Der Saft wird mit der Sahne aufgegossen, mit Mehl eingedickt und nochmals kräftig aufgekocht.

Die Rouladen mit der Sauce überziehen und zusammen mit Salzkartoffeln servieren.

Mit Kräutern gefüllte Tomaten

Für 4 Personen:

12 bis 15 junge Triebe vom Geißfuß (Giersch)
100 g Brennesseltriebe
(auch Melde ist hier geeignet)
5 Blättchen Gundelrebe
4 große Fleischtomaten
1 Zwiebel
1 Brötchen vom Vortag, in Wasser aufgeweicht
1 EL Butter
4 Eigelb
2 Eiklar
Salz
Pfeffer
je nach Geschmack 1 Prise getrocknetes Bohnenkraut, Quendel oder Dost

Die fein gehackte Zwiebel in der Butter glasig andünsten, die gewaschenen und grob gehackten Brennessel- (Melde)- und Gierschblätter hinzufügen und fünf bis sieben Minuten halbweich dünsten.

Von den Tomaten werden die Kappen abgeschnitten, Mark und Kerne herausgeschält und durch ein grobes Sieb gestrichen. In dieses Püree rühren Sie nun die vier Eigelb und zwei Eiklar und schmecken mit Salz, Pfeffer und den Kräutern ab. Dann die in Wasser eingeweichte und ausgedrückte Semmel dazumischen. Mit dieser Masse füllen Sie nun die Tomaten und braten diese in einer Form 30 Minuten bei 150–200 Grad im Ofen.

Brunnenkressesuppe

Für 4 Personen:

1 l kräftige Knochenbrühe
$^1/_4$ l Milch
1 gehäufter EL Speisestärke
Salz, Pfeffer
2 Eigelb
$^1/_{16}$ l Schlagsahne
3–4 EL fein gehackte Brunnenkresse

Wenn die Knochenbrühe bereits vorhanden ist, sollte diese Brühe in wenigen Minuten fertig sein: Die Brühe aufkochen, Speisestärke in der Milch auflösen und in die Brühe gießen. Kurz kochen, mit Salz und Pfeffer würzen, vom Herd nehmen und mit dem in Sahne verquirlten Eigelb legieren. So heiß wie möglich die Brühe über die Brunnenkresse gießen und zwar gleich in die vorgewärmte Servierschüssel. Als Einlage passen geröstete Brotscheiben.

Tropfteig mit Brunnenkresse

Wird als Suppeneinlage verwendet.

Für 4 Personen:

2 ganze Eier
1 Eiklar
etwa 40 g Mehl
Salz
1 EL gehackte Brunnenkresse
1 l Knochen- oder Gemüsebrühe, fertig abgeschmeckt

Die Eier, Eiklar, Salz und Kresse gut verquirlen. Langsam das Mehl einrühren, bis ein dünnflüssiger Brei entsteht, der fadenförmig vom Löffel rinnt (ist der Teig zu dick, bildet er in der Brühe feste Klümpchen, ist er zu dünn, zerkocht er).

Den Tropfteig 10 bis 15 Minuten ruhen lassen, die Konsistenz prüfen und eventuell mit ein wenig Milch verdünnen.

Langsam, in einem strohhalmdicken Strahl, wird nun der Tropfteig in die stark kochende Brühe gegossen. Um ein Zusammenballen des Teiges zu verhindern, gießt man in Spiralen oder Kreisen. Die Brühe noch ganz kurz kochen lassen, dann vom Herd nehmen. Die Konsistenz des Eingetropften soll flaumig-locker sein.

*Selbstgemachte Kräutersalze –
und viele Tips fürs Fonduefest
und die Grillparty:*

Sechs Wildpflanzen zum Würzen

Aus der Vielfalt an wilden Würzpflanzen haben wir sechs ausgewählt, die nicht nur zu den besten zählen, sondern auch unmöglich mit ungenießbaren Pflanzen verwechselt werden können. Was sich daraus an Delikatessen machen läßt, ist das Tüpferl auf dem »i« der großen Kräuterküche. Raffinierte Kräutersalze zum Würzen von Fleisch- und Fischgerichten, Fonduesaucen und eine Kräuterbutter, wie Sie wohl keine bessere im Restaurant zum Steak bekommen werden. Es lohnt wahrhaft, einen Versuch zu wagen.

Botanischer Name: **Beifuß**

Lat.: Artemisia vulgaris

Volksnamen:
In Deutschland: Gemeiner Beifuß, Edelraute, Wilder Wermut, Sonnwendgürtel

In Österreich: Flohkraut, Fliegenkraut, Gänsekraut, Besenkraut, Bockele

In der Schweiz: Flohfänger

Botanische Merkmale: Eine vielfach verzweigte, ausdauernde Wildpflanze, die bis 1,5 Meter hoch wird. Die Stiele sind bräunlich oder rötlich gefärbt, die Blätter unterschiedlich fiederteilig, zugespitzt, nach oben hin einfach bis dreilappig. An der Oberseite sind sie dunkelgrün und kahl, an der Unterseite zart, weißfilzig behaart. Vom Juli an erscheinen die gelblichen Blütenköpfchen in ährenähnlichen Rispen. Unverwechselbar der stark würzige Geruch, wenn man die Blätter zerreibt.

Standort: Sehr häufig auf Schutthalden, in aufgelassenen Schottergruben, auf Ödland, an Wegen, Bahndämmen und Ufern. In ganz Europa bis in etwa 1800 Meter Höhe verbreitet.

Verwendung in der Küche: Beifuß ist ein ganz ausgezeichnetes und aus unverständlichen Gründen fast in Vergessenheit geratenes Würzkraut. Wie der Name Gänsekraut verrät, wurde früher kaum eine Gans oder Ente gebraten, ohne ein paar Stengel Beifuß in den Vogel zu legen. Ebenso bei fettem Schweinsbraten, und das mit gutem Grund: Die im Beifuß enthaltenen Wirkstoffe machen Fett viel leichter verdaulich.

Sammelzeit ist von Juli bis August, ehe sich die kleinen Blütenknospen öffnen. Die oberen Triebe werden entweder frisch verwendet oder in kleinen Sträußchen zum Trocknen aufgehängt. Wichtig ist der Hinweis, daß die Blätter bitterer schmecken als die Blüten. Also möglichst blütenreiche Triebe sammeln.

Nach dem Trocknen wird Beifuß abgerebelt und lichtgeschützt in einem verschlossenen Glas aufbewahrt.

Das mit Wermut verwandte Würzkraut wird auch zur Herstellung eines speziellen Weines und eines Aperitifs verwendet (siehe Seite 263).

Gesundheitlicher Aspekt: Wie schon erwähnt, bewirken Bitterstoffe und ein ätherisches Öl leichtere Fettverdaulichkeit durch eine Verbesserung des Galleflusses und eine Erhöhung der Galleproduktion in der Leber. Die Wirkung ist etwas milder als beim Wermut, was für Menschen mit empfindlichem Magen bedeutsam ist.

Kräutersalze zum Würzen

Getrocknete Wildkräuter ergeben, mit Salz vermischt und verrieben, eine köstliche Würze, die in der Küche vielfältig verwendbar ist und ihr Aroma über lange Zeit behält. Es kann auch mit getrockneten Gartenkräutern variiert werden. Der Fantasie sind in diesem Zusammenhang keinerlei Grenzen gesetzt. Nach wenigen Versuchen wird jeder Feinschmecker und Würzkräuterfreund herausgefunden haben, welche Mischung seinem Geschmack am ehesten entspricht. Unsererseits die folgenden Vorschläge:

Gewürzsalz für Fleischgerichte

30 g Salz
30 g Beifuß
30 g *Quendel*
10 g Basilikum
6 g Rosmarin
1 Prise Gundelrebe

Die völlig trockenen Kräuter werden in einem Mörser zusammen mit dem Salz zerstoßen, dann gesiebt und in einem gut verschließbaren Glas aufbewahrt. Wer an Kräutersalzen Gefallen findet, wird sehr bald diesen einfacheren Weg einschlagen: Eine kleine, elektrisch betriebene Kaffeemühle, ausschließlich für die Kräuterzubereitung reserviert, erleichtert die Arbeit ungemein.

Quendel-Würzmischung

20 g Salz
10 g Quendel
6 g Beifuß (oder 2 g Wermut)
2 g Rosmarin

Wie schon beschrieben, die trockenen und abgerebelten Kräuter gut mit dem Salz vermischen. Diese Würzkombination eignet sich speziell für Eiergerichte und Fleischspeisen.

Gundelrebensalz

2 TL getrocknete Gundelrebe
6 EL Salz, wenn möglich grobes Meersalz

Frische Gundelrebe möglichst rasch trocknen, damit sie ihr Aroma nicht verliert (wenn das Wetter nicht mitspielt, im Backofen, wobei die Temperatur aber 40 Grad nicht übersteigen darf). Blätter und Salz im Mörser zerstoßen oder in der Mühle mahlen. Wenn Feinkristallsalz verwendet wird, sollten die Blätter gesondert fein zerstoßen und dann mit dem Salz vermischt werden.

Die ätherischen Öle der Gundelrebe und anderer Würzpflanzen bleiben besser erhalten, weil das Salz sie bindet. Die zerriebenen Pflanzen, allein aufbewahrt, verlieren sehr bald ihr Aroma.

Gundelrebensalz eignet sich besonders für Eiergerichte, Kartoffelsalate, helle Saucen; oder es wird einfach aufs Butterbrot gestreut.

Kräutersalz für fette Speisen

20 g Salz
10 g Quendel
6 g Beifuß
6 g Rosmarin

Diese mit Salz zerstoßene Kräutermischung ist besonders aromatisch und lange haltbar. Der Beifuß, das »Gänsekraut« als Beigabe, bewirkt, daß fette Speisen wesentlich besser verdaut werden.

Vier-Kräutermischung

Jeder Feinschmecker kennt die in südlichen Ländern, vor allem in Frankreich gebräuchlichen Kräutermischungen, wie etwa die Herbes de Provence. Ähnliches läßt sich auch aus heimischen, wildwachsenden Würzkräutern herstellen.

50 g Dost
20 g Pastinakenblätter
20 g Quendel
5 g Gundelrebe (oder 10 g Basilikum)

Die gut getrockneten Kräuter gemeinsam im Mörser zerstoßen und luftdicht aufbewahren. Besonders geeignet für Tomatensuppen, Tomatensaucen und Salate.

Vier-Kräuter-Salz

75 g Salz
40 g Quendel (oder Gartenthymian)
20 g Pastinakenblätter
10 g Schafgarbe
5 g Gundelrebe

Die getrockneten und abgerebelten Kräuter werden mit dem Salz gemischt, entweder im Mörser zerstoßen oder in der Kaffeemühle gemahlen und fest verschlossen aufbewahrt. Gut als Fleischwürze, für Gemüsesuppen und Aufstriche.

Kräuterbutter aus Wildpflanzen zu Fleischspeisen

Hier ein Tip, wie Sie eine exzellente Kräuterbutter aus Wildpflanzen zubereiten können. Diese eignet sich besonders gut zu Steaks, Grillkoteletts, aber auch zum Verfeinern von Saucen.

Und so wird's gemacht:

250 g zimmerwarme Butter
2 EL Bärlauch
1 EL junge Pastinakenblätter
1 EL Geißfußblätter (Giersch)
(oder ersatzweise Petersilie)
Salz

Die streichfähige Butter mit etwas Salz und den ganz fein gehackten Kräutern gut verrühren. Die Masse auf Alufolie (oder nassem Pergamentpapier) zu einer Rolle formen und kühl stellen. Je eine Scheibe davon auf eine Fleischportion legen. Diese Kräuterbutter läßt sich auch einfrieren.

Schafkäse, mit Dost eingelegt

250 g Schafkäse
3 Stengel Dost
3 Knoblauchzehen (oder 2 Bärlauchzwiebeln)
100 g Oliven
$^1/_2$ l Olivenöl

Der Schafkäse wird zusammen mit dem getrockneten oder frischen Dost, den grob zerschnittenen Knoblauchzehen (Bärlauchzwiebeln) und den Oliven gut verteilt in ein verschließbares Glas gelegt und mit dem Öl übergossen. Schon nach einer Woche ist der Käse »reif«; er kann aber auch bis zu einem Monat gemeinsam mit den Gewürzen ziehen.

Der aus dem Glas genommene und abgetropfte Käse ist zusammen mit ein paar der Oliven, französischem Weißbrot und einem Glas Rotwein serviert, eine Köstlichkeit. Das abgeseihte Öl eignet sich vorzüglich für Salatmarinaden, weil es das Aroma der Gewürze und des Käses angenommen hat.

Die Kombination frischer Dost und Bärlauch ist botanisch möglich: Sobald der wilde Majoran blüht, können auch schon die Bärlauchzwiebeln ausgegraben werden.

Botanischer Name: **Gundelrebe oder Gundermann**

Lat.: Glechoma hederaceum

Volksnamen:
In Deutschland: Efeu-Gundermann, Donnerrebe

In Österreich: Erdefeu, Huder, Kitzkräutl, Zaungucker, Huderich, Zickelskräutl, Blauhuder, Heilrauf

In der Schweiz: Soldatenpetersilie, Stinkender Absatz, Erdefeu, Guck durch den Zaun, Erdkränzlein

Botanische Merkmale: Die Gundelrebe hat einen kriechenden, mit Ausläufern stark wuchernden Wurzelstock. Die Stengel sind niederliegend und bis 60 cm lang. An aufrechten Trieben entstehen im Frühjahr hübsche violette und gefleckte Blüten zu je zwei bis vier in den Achseln der Blätter. Die Blütezeit dauert bis in den September. Die Blätter sind gestielt, gegenständig, nierenförmig oder rundlich und an den Rändern stark gekerbt.

Standort: Ein bei Gärtnern höchst unbeliebtes »Unkraut«, das in großen Mengen an Zäunen und unter Hecken wächst. Aber auch in schattigen Wäldern, in feuchten Wiesen, europaweit bis 1600 Meter Höhe.

Verwendung in der Küche: Hauptsächlich verwendet man Gundelrebe als Würzkraut, frisch oder getrocknet. Die jungen Blätter sind jedoch auch in Wildgemüsen – gering dosiert und mitgekocht – eine geschmackliche Bereicherung. Die Blätter, klein geschnitten oder fein gehackt, werden auch über Eierspeisen gestreut, statt Petersilie auf Brühen, oder sie werden in Omeletts mitgebraten. Roh verwendet man sie für Kräuterbutter und Aufstriche. Getrocknet behält die Gundelrebe lange Zeit ihr würziges Aroma und wird vielfach in Kräutersalzen und Kräutermischungen angewandt, siehe Rezepte Seite 133.

Für frischen Gebrauch werden in erster Linie die jungen Blätter im Frühling vor der Blüte gesammelt, später nur die vier ersten Blätter der frischen Triebspitzen. Mit fortschreitender Jahreszeit wird der Geschmack herber.

Gesundheitlicher Aspekt: Seit dem Mittelalter wird die Gundelrebe als Heilpflanze verwendet. Vor allem gegen Bronchialerkrankungen gilt sie als »Wundermittel«.

Botanischer Name: **Pastinake**

Lat.: Pastinaca sativa

<u>*Volksnamen:*</u>

In Deutschland: Pastornak, Duftmöhre, Dickmöhre, Hirschfraß

In Österreich: Hammelmöhre, Pastinak, Schafwurz, Spindelwurz, Wiesenweißwurz

In der Schweiz: Pastenei, Bastnägel, Pastinat, Gäli Bangele, Pastinada

Botanische Merkmale: Die Pastinake gehört zu den Doldenblütlern. Sie ist ein- bis zweijährig und wird bis zu einem Meter hoch. Die lange, spindelförmige Wurzel ähnelt einer Petersilienwurzel. Sie trägt einen kantigen, teilweise behaarten Stengel, der sich ab der Mitte verästelt. Die meist einfach gefiederten Blätter sind an der Oberseite dunkelgrün und glatt, an der Unterseite zart filzig behaart und hellgrün. Im unteren Teil der Pflanze haben sie kurze Stiele, weiter oben sitzen sie direkt an den Stengeln. In der Blütezeit von Juni bis August entwickeln sich große, acht- bis zehnstrahlige Dolden, die gelb bis goldgelb gefärbt sind. Charakteristisch auch die flachen, oval linsenförmigen und stark geflügelten braunen Samen.

Standort: Auf Wiesen, an Wegrändern, auf Schutthalden. Die Pastinake entwickelt solche Wuchskraft, daß sie sogar Asphalt durchbricht. Sie ist weit verbreitet bis in 1500 Meter Höhe. Auf trockenen oder mäßig feuchten Wiesen findet man sie oft in Massen.

Verwendung in der Küche: Die ganze Pflanze einschließlich der Wurzel hat, was ihre Bedeutung in der Küche ausmacht, beim Zerreiben einen angenehm aromatischen Geruch. Früher galten nur die Samen der Pastinake als gutes Würzmittel. In ihrer Wirkung ist sie dem Kümmel ähnlich.

Sammelzeit ist der Frühling für die jungen, zarten Blätter und Stengeltriebe, etwa ab Ende März; als Würze für Salate, Brühen, Kräuterbutter und Gemüsemischungen.

Zum *Trocknen oder Einfrieren* werden die Blätter vor der Blütezeit verwendet. Die Wurzeln gräbt man im Spätherbst oder an frostfreien Wintertagen aus. Verwendbar sind nur die Wurzeln der einjährigen Pflanze, im Folgejahr sind sie zäh und fast ungenießbar.

Gesundheitlicher Aspekt: Nur die Samen wurden früher bisweilen als Mittel gegen Magenbeschwerden angewandt.

Alexander von Humboldts Kräutersuppe

Der berühmte Naturforscher und Entdecker Alexander v. Humboldt (1769–1859) pflegte alljährlich im Frühjahr aus gesundheitlichen Gründen über zwei bis drei Wochen täglich eine von ihm komponierte Kräutersuppe zu essen. Hier ist das Rezept:

2 Handvoll gemischte Kräuter
(Gänseblümchen,
Schafgarbenblätter, Brennesselblätter,
Spitz- oder Breitwegerich,
Vogelmiere, Kerbel,
Pastinakenblätter und 2 bis 3 frische Triebe
der Gundelrebe)
1 Zwiebel
2 EL Butter
2 EL Mehl
1 l Wasser
Salz
1 EL fein gehackte Bärlauchblätter
geröstete Vollkornschnitten

Alexander von Humboldt setzte die fein geschnittenen Wildpflanzen in 1 l Wasser auf und ließ sie nur kurz aufkochen. Die klein geschnittene Zwiebel ließ er in Butter glasig anlaufen, staubte mit Mehl und goß mit dem Kräutersud auf. Dann kamen die blanchierten Blätter und Salz dazu, nun wurde die Suppe, mit gerösteten Brotschnitten und fein gehacktem Bärlauch bestreut, aufgetragen.

Kalte Kräutersaucen

Aus den genannten Würzkräutern und auch aus anderen in diesem Buch behandelten aromatischen Pflanzen lassen sich köstliche kalte Saucen als Beigabe zu Fleischfondue, gegrilltem oder gebratenem Fleisch zubereiten. Um nicht alle Variationen getrennt »durchspielen« zu müssen, haben wir die Möglichkeiten in einem übersichtlichen System zusammengefaßt.

Das Außergewöhnliche an diesen Saucen ist, daß dafür ein Essigauszug der jeweils verwendeten Pflanze hergestellt wird. Dieser ergibt die erste zarte Geschmacksbindung. Zur Verstärkung werden dann jeweils fein gehackte, dem Kräuteressig angepaßte Wildpflanzen in die Sauce gemischt. Sie geben ihr auch den Namen.

Um das Aroma in »Flüssigform« zu gewinnen, werden jeweils ein paar Stengel und Blätter der Pflanzen grob gehackt, mit $^{1}/_{8}$ l lauwarmem Weinessig (oder Apfelessig) übergossen und 24 Stunden zum Ziehen stehen gelassen, dann abgeseiht. In diesem Auszug werden später entrindete Weißbrotschnitten eingeweicht.

Dafür sind die folgenden Pflanzen besonders gut geeignet:

Ackersenf
Bärenklau
Barbarakraut
Geißfuß (Giersch)
Gundelrebe
Pastinake
Schafgarbe

Grundsauce

Für 4–6 Personen:

2 Semmeln (oder 2 große Weißbrotscheiben)
$^1/_8$ l des oben beschriebenen Essig-Kräuterauszugs, dazu eventuell etwas Wasser
4 hart gekochte Eier
2 Eigelb
$^1/_8$ l neutral schmeckendes Pflanzenöl
Salz und Pfeffer
1 TL bis 2 EL fein gehackte Kräuter, jeweils dem Kräuteressig entsprechend (die Menge richtet sich nach der Aroma-Intensität der Pflanzen)

Die entrindeten Semmeln oder Weißbrotscheiben werden im Kräuterauszug (mit oder ohne Wasser) eingeweicht, dann gut ausgedrückt. Das Eigelb der gekochten Eier herauslesen, mit einer Gabel zerdrücken und mit der Semmelmasse gut verrühren, besser noch, durch ein Sieb passieren.

In das rohe Eigelb unter ständigem Rühren das Öl eintropfen und eine Mayonnaise bereiten, salzen und pfeffern. Die Mayonnaise unter den Semmelbrei rühren und zuletzt die fein gehackten frischen Kräuter untermischen. Obenauf kommt das hart gekochte fein gehackte Eiweiß.

Pastinaken-Wurzelpüree

Weil so viel von der Pastinake die Rede war, hier ein Rezept für die schmackhaften Wurzeln.

Für 4 Personen:

200 g Pastinakenwurzeln
200 g Kartoffeln
40 g Butter
1 mittelgroße Zwiebel
1 Stück Lauch, 20 cm lang
$^{1}/_{4}$ l Rind- oder Gemüsebrühe
Salz
Muskat
1 Eigelb
2 EL Schlagsahne
1 EL Pastinakenblätter, fein gehackt

Butter in einer Kasserolle schmelzen. Zwiebel und Lauch, beide klein geschnitten, darin andünsten. Dann folgen die geschälten und in Scheiben geschnittenen Pastinakenwurzeln und die klein geschnittenen rohen Kartoffeln. Diese fest in der Butter schwenken, mit der Brühe aufgießen, würzen und zugedeckt weich kochen.

Die Gemüse im Mixer pürieren oder durch ein Sieb streichen, wieder in die Kasserolle geben und nochmals erhitzen, dann vom Herd nehmen. Eigelb und Sahne verquirlen und damit das Püree legieren. Obenauf kommen fein gehackte Pastinakenblätter. Als Einlage können auch kleine Wurzelstücke von Pastinaken gesondert weich gedünstet und vor dem Anrichten über das Püree geschichtet werden.

Paßt gut zu gekochtem Rindfleisch, zu Kalbskoteletts oder Steaks.

Pastinaken-Wurzelpüree mit Mehl

Wie im Rezept vorher, jedoch die Kartoffeln weglassen und die doppelte Menge Pastinakenwurzeln nehmen. Sobald Zwiebel, Lauch und Wurzeln angeschwitzt sind, staubt man einen EL Mehl darüber, röstet noch einmal durch und verfährt weiter wie im vorhergegangenen Rezept.

Botanischer Name: **Schafgarbe**

Lat.: Achillea millefolium

Volksnamen:
In Deutschland: Achilleskraut, Grillengras, Grabenkraut, Frauendank, Fasankraut, Feldgarbe

In Österreich: Grillenkraut, Katzenschwanz, Teekraut, Bauchwehkraut, Schafszunge, Tausendblatt

In der Schweiz: Blutstillkraut, Tausendblatt, Leiterli, Gotteshand, Heil aller Schäden, Sichelkraut, Schafrippe, Mausohr, Fasankraut

Botanische Merkmale: Aus einem kriechenden hellbraunen Wurzelstock treiben im Frühjahr vielfiedrige krause Wurzelblätter. Zwischen diesen entwickelt sich ein bis zu 70 cm hoher Stengel mit zylindrischem Querschnitt, innen markig, außen manchmal behaart. Er trägt anfangs hellere, später dunkelgrün werdende Blätter, die nicht oder kaum gestielt sind. Vor allem die Blüten werden wohl jedem bekannt sein. Sie stehen mit zahlreichen weiß oder seltener rosa Blütchen in dichten Scheindolden. Blütezeit ist zwischen Mai und Oktober bis zu den Frösten im Spätherbst.

Standort: An Rainen, auf Wiesen und Weiden, Weg- und Ackerrändern. Bei Landwirten ist die Schafgarbe alles andere als beliebt. Das liegt an ihrer Widerstandsfähigkeit gegen Hitze, Dürre und Kälte. Deshalb ist sie in Europa bis zum Polarkreis hinauf zu finden, im Gebirge bis 2500 Meter. Nur auf feuchten und nassen Böden kommt sie nicht vor.

Verwendung in der Küche: Der herbe, aromatische Geschmack prädestiniert die Schafgarbe als Würzkraut in der Küche sowohl in frischem als auch in getrocknetem Zustand. Gesammelt werden die ganz jungen Fiederblättchen im zeitigen Frühjahr, möglichst lange vor der im Mai beginnenden Blütezeit. Fein gehackt eignen sich die Blätter für Frühlingssalate, für Aufstriche, Mischgemüse und als Brühenwürze.

Zum Trocknen »erntet« man die ganze blühende Pflanze. Die Blütenstände haben das stärkste Aroma und behalten dieses für lange Zeit.

Gesundheitlicher Aspekt: Der lateinische Name »Achillea« leitet sich vom griechischen Helden Achilles her (deshalb auch der Volksname Achilleskraut). Schon der »Altvater der Medizin«, Hippokrates, gebrauchte dafür den Namen »Achilleios«. Seit altersher wird die Schafgarbe als Heilpflanze wegen ihrer anregenden Wirkung für Leber, Galle und Darm geschätzt.

Legen Sie Würzkräuter auf die Grillkohle!
Der duftende Rauch macht Appetit und verbessert die Speisen

Wenn Sie Dost, Quendel, Schafgarbe oder Beifuß nach dem Trocknen abgerebelt haben, werfen Sie die Stiele nicht weg, sondern verwenden Sie sie bei der nächsten Grillparty als Duft- und Geschmacksspender. Die Pflanzenstengel werden in Wasser getaucht, damit sie nicht sofort verbrennen, und auf die glühende Grillkohle oder in die heiße Asche gelegt. Der duftende Rauch, der dann dem Feuer entströmt, wird bei Ihren Gästen nicht nur den Appetit aufs höchste steigern, sondern Koteletts, Steaks, Hamburgern oder Fischen ein feines Aroma verleihen. Auch frische oder abgewelkte Würzpflanzen können in den Griller gelegt werden, wenn man viel davon zur Verfügung hat.

Meister der Grillkunst variieren mit Gartenkräutern, wobei sich Minze, Bohnenkraut, Rosmarin und Thymian besonders bewährt haben.

Petersilienkartoffeln sind allgemein bekannt. Würzen Sie Kartoffeln einmal mit Wildpflanzen:

Bringen Sie Abwechslung in Ihre Kartoffelrezepte

Daß Geißfuß oder Giersch stellvertretend für oder zusammen mit grüner Petersilie verwendet werden kann, wissen wir bereits. Auch viele andere Wildpflanzen bieten sich wegen ihres guten Aromas als Würze für Kartoffelspeisen an.

Kräuterkartoffeln

Als Beilage für 4 Personen:

400 g kleine Kartoffeln, in der Schale gekocht
50 g Butter
2 bis 4 EL fein gehackte Wildkräuter
Salz

Als Kräuter sind dafür geeignet:

jeweils 4 EL gehackte junge Blätter von

- *Bärenklau*
- *Bärlauch*
- *Geißfuß (Giersch)*
- *Pastinake*
  oder, wegen des stärkeren Geschmacks, je 2 EL ganz junge Blätter von
- *Brunnenkresse*
- *Barbarakraut*
- *Ackersenf*

In gewohnter Weise werden die Kartoffeln warm geschält, die größeren in Hälften geteilt oder geviertelt, die kleinen im ganzen belassen. Butter in einer weiten Pfanne zerlassen, darin die Kräuter andünsten, die Kartoffeln zufügen und einige Male wenden, bis sie mit den grünen Kräutern rundum bedeckt sind.

Kräuterkartoffelsuppe

(siehe Foto Seite 72)

Für 4 Personen:

400 g Kartoffeln
$1\,^1/_4$ l Gemüsebrühe, Kümmel, Salz
1 bis 4 EL gehackte Kräuter
2 EL saure Sahne

Als Kräuter sind dafür geeignet:

jeweils 4 EL junge, gehackte Blätter von

- *Bärenklau*
- *Bärlauch*
- *Hirtentäschel*
- *Geißfuß (Giersch)*
- *Pastinake*

oder jeweils 2 EL junge Blätter von

- *Brunnenkresse*
- *Barbarakraut*
- *Ackersenf*

oder 1 EL

- *Gundelrebenblätter*

Die rohen Kartoffeln schälen, vierteln und in der Gemüsebrühe mit Salz und Kümmel weich kochen, dann durch ein Sieb streichen oder im Handmixer pürieren. Die glattgerührte saure Sahne und bis auf einen TL voll alle Kräuter zugeben, die Brühe nochmals erhitzen, jedoch nicht mehr kochen. Mit den restlichen Kräutern bestreuen, dann servieren.

Kräuterkartoffelpüree

Kartoffelpüree, beliebte Beilage zu Fleischgerichten, kann ebenfalls mit Wildkräutern verfeinert werden. Es wird ebenso zubereitet wie die Kartoffelsuppe, nur mit dem Unterschied, daß zum Kochen lediglich ein Drittel bis die Hälfte der Gemüsebrühe genommen wird.

In diesem Fall sollten die Wildkräuter zusammen mit den Kartoffeln im Handmixer püriert oder im Topf zerstampft, dazu nochmals im Wasserbad oder im Backrohr erwärmt werden, Muskat ist als Würze angebracht, falls milde Kräuter verwendet wurden.

Brühen und Pürees sind, auf diese Weise zubereitet, basische Gerichte, wie sie von gesundheitsbewußten Essern geschätzt werden. Sie sind es nicht mehr, wenn statt der Gemüsebrühe Fleischbrühe von Rind, Kalb oder Huhn verwendet wird, was vielen freilich besser schmeckt. In der Delikatessenküche werden Brühen und Pürees dann oft noch mit Sahne, Eigelb und Butter legiert und verfeinert.

Botanischer Name: **Quendel oder Wilder Thymian**

Lat.: Thymus serpyllum

Volksnamen:
In Deutschland: Feldthymian, Sandthymian, Feldkümmel, Bergthymian, Kükenkümmel

In Österreich: Geißmajoran, Kranzlkraut, Kudelkraut, Kuttelkraut, Rauschkraut, Geschwulstkraut, Kinderkraut, Violetter Bohler

In der Schweiz: Wilder Masero, Geißmajoran, Feldthymian, Marienkraut, Wilder Zimt, Niederer Kasper, Wurstkraut, Küttelkraut, Hühnerquendel, Zymsi, Chölm

Botanische Merkmale: Die ausdauernde, bis 30 cm hohe Pflanze hat stark bewurzelte Ausläufertriebe mit vielen rundlichen, behaarten Stielen. Die Blätter sind klein und sitzen gegenständig an den meist etwas verholzten Stengeln. Die rosa bis purpurfarbenen Blüten sind zu kugeligen, manchmal auch ährenförmigen Köpfchen angeordnet. Je nach Standort blüht der Quendel zwischen Mai und Oktober. Unverkennbar ist der thymianähnliche, stark aromatische Geruch und Geschmack.

Standort: An sonnigen Böschungen, an Weg- und Waldrändern sowie an steinigen Berghängen bis in eine Höhe von 3000 Metern, oft in dichten Rasen.

Verwendung in der Küche: Der Quendel ist ein reines Gewürzkraut, das in der Küche genauso wie Gartenthymian angewandt wird, besonders als verdauungsfördernde Beigabe zu fetten Speisen.

Gesammelt wird die Pflanze während der Blütezeit, also praktisch ein halbes Jahr lang. Zur Schonung der Bestände, um die meist locker sitzenden Wurzelstöcke nicht auszureißen, sollten die Stiele mit der Schere geschnitten werden. Die kleinen Blättchen können abgezupft oder frisch verwendet werden. Oder: Das ganze Kraut wird gebüschelt im Schatten zum Trocknen aufgehängt, später abgerebelt und luftdicht aufbewahrt.

Gesundheitlicher Aspekt: Die Inhaltsstoffe des Wilden Thymians sind noch nicht hinreichend erforscht. Es ist jedoch sicher, daß er wohltuende Wirkung auf Magen und Darm ausübt. Deshalb gilt der Quendel seit dem Altertum in der Volksmedizin als wertvolles Heilmittel.

Botanischer Name: **Dost oder Wilder Majoran**

Lat.: Origanum vulgare

Volksnamen:
In Deutschland: Echter Dost, Wilder Dost, Brauner Dost

In Österreich: Lungenkraut, Wohlgemut, Dosten, Orantkraut

In der Schweiz: Wohlgemut, Grober Chostez, Koschtets, Wilda Maserun, Kostenz, Lungenkraut, Grober Chölm, Badchrut

Botanische Merkmale: Dost ist eine ausdauernde, bis 50 cm hohe Pflanze mit einem behaarten, oft roten Stengel, der sich im oberen Drittel verzweigt. Die kurzgestielten Blätter sind eiförmig und etwas zugespitzt, sitzen gegenständig am Stengel und sind je nach Standort kahl oder behaart. Zwischen Juli und September blüht die Pflanze sehr attraktiv rot-violett am Ende jedes Zweiges. Die kleinen Blüten sind büschelig, ährenartig angeordnet. Unverwechselbar ist der stark aromatische Geruch, wenn man Blüten und Blätter zwischen den Fingern zerreibt – ähnlich dem Majoran.

Standort: Der Dost liebt Wärme und Trockenheit, stellt sonst aber an den Boden keinerlei Ansprüche. Man findet ihn an Böschungen, südwärts gerichteten Waldrändern oder auf Wiesen. In Europa bis 2000 Meter Höhe. Nördliche Vegetationsgrenze ist etwa auf der Höhe der Lüneburger Heide.

Verwendung in der Küche: In südlichen Ländern ist der Dost als Küchengewürz allgemein bekannt und beliebt. Viel weniger in Mitteleuropa, fast gar nicht in Nordeuropa.

Die frischen Blätter, vor der Blütezeit im Juli gesammelt, werden als Salatwürze, für Reisgerichte und Kräutersaucen verwendet. Zum Trocknen sammelt man die blühenden Pflanzen im ganzen. Sie werden bis zum Verwelken in die Sonne gehängt, dann im Schatten durchgetrocknet. Blätter und Blüten von den Stielen rebeln und in gut verschließbaren Gläsern aufbewahren!

Gesundheitlicher Aspekt: Nur am Rande sei erwähnt, daß die Menschen des Mittelalters glaubten, Dost, in Sträußen aufgehängt, könne Hexen und Teufel fernhalten. Im Ofen verbrannt, sollte er auch vor Blitzschlag schützen. Generell gilt Dost wegen seiner ätherischen Öle und Bitterstoffe als appetitanregend und verdauungsfördernd. In der Volksmedizin wird er als Tee gegen Husten, Halsentzündungen und chronische Bronchitis eingesetzt.

Spezialitäten für Salatsaucen, Wildbeizen und Fleischgerichte:

Konserviertes Aroma: Kräuteröl und Kräuteressig

Viele Leser werden die aus Frankreich importierten kunstvollen Flaschen kennen, in denen würzige Kräuter schwimmen – in Essig oder in Öl eingelegt. – Das können wir auch! Und zwar mit jenen frischen oder getrockneten Wildpflanzen, die in den vorangegangenen Kapiteln ausführlich beschrieben wurden. Das Grundprinzip beruht auf der Tatsache, daß Pflanzen ihre löslichen Vitamine und Aromastoffe an Öl und Essig abgeben und daß der Geschmack auf diese Weise für lange Zeit konserviert werden kann. Was dabei herauskommt, läßt sich auf mannigfache Weise in der Grande Cuisine anwenden – für extravagante Salatmarinaden, Saucen, Wildbeizen und Fleischgerichte. Es wäre jedoch falsch, des Guten zuviel zu tun: Benützen Sie Kräuteröl und Kräuteressig nie gemeinsam, weil die Aromastoffe einander »erschlagen« würden!

Kräuteröle, eine extravagante Würze

In Öl eingelegt, können wir den Geschmack frischer Pflanzen gleichsam in die »kräuterlose Winterzeit« hinüberretten. Drei Wildpflanzen sind dafür besonders geeignet: der Bärlauch (und zwar Blätter und Zwiebel), Geißfuß und Bärenklau.

Kräuteröle sind eine wenig bekannte, aber erstaunliche Bereicherung der Küche für Salatmarinaden und besonders zum

Beizen von Fleisch, weil sie konservierende Wirkung haben. Steaks und Koteletts, kräftig mit Bärlauchöl eingepinselt, halten beispielsweise bis zu sieben Tage im Kühlschrank und haben dann die richtige Mürbe zum Grillen oder schnellen Braten erreicht.

Bärlauchöl

(siehe Foto Seite 252)

6 Handvoll Bärlauchblätter
(oder 6 bis 8 Bärlauchzwiebeln)
1 l kalt gepreßtes Öl (von Oliven, Sonnenblumen oder Disteln)
eventuell Rosmarin und Oregano
(frisch oder getrocknet)

Die vor der Blüte gesammelten Bärlauchblätter werden gut gewaschen und gründlich trockengeschleudert. Wenn sie beim Abtrocknen etwas verwelken, spielt dies keine Rolle.

Die grob geschnittenen Blätter werden in ein fest verschließbares Einmachglas gefüllt. Dieses muß halb voll werden. Dann wird mit Öl aufgefüllt. Die Mischung soll nun 2–4 Wochen kühl und dunkel ziehen, danach wird das Öl abgeseiht, in dunkle Flaschen gefüllt und kühl gelagert. Es hält monatelang. Der leicht säuerliche Geruch ist kein Zeichen, daß es verdorben ist; er stammt vom Bärlauch.

Verwendet man die Zwiebeln des Bärlauchs, erzielt man einen besonders intensiven Knoblauchgeschmack, wie er von vielen Feinschmeckern geschätzt wird. Wird etwas Rosmarin oder Oregano zugesetzt, bekommt das Öl eine italienische Note.

Öl mit Geißfuß und Bärenklau

Die Zubereitung erfolgt wie beim Bärlauchöl erläutert, nur werden statt Bärlauch drei handlange Stengel Geißfuß und ein Stamm Bärenklau pro l Öl genommen. Bei drei Teilen Bärenklau und einem Teil Giersch wird der Geschmack gleichsam »umgekehrt«.

Im Gegensatz zum wilden Knoblauch ist es in diesem Fall günstiger, die Stengel trocknen zu lassen und dann so bald als möglich zu verwenden, da sie durch den Entzug des Wassers weniger leicht verderben. Die Kräuter müssen völlig mit Öl bedeckt sein, weil herausragende Teile leicht schimmeln können.

So stellen Sie Kräuteressig her

Unsere Urgroßmütter haben noch Essig mit verschiedenen Gartenkräutern oder Wildpflanzen gewürzt. Die Rezepte sind jedoch in Vergessenheit geraten. – Wir haben sie für Sie wieder ausgegraben.

Wasserlösliche Wirkstoffe, von denen viele bekannt, viele aber noch gar nicht erforscht sind, werden im Essig aus den Pflanzen »herausgezogen«, machen ihn wohlschmeckender und bekömmlicher.

Grundsätzlich eignen sich frische Pflanzen zum Einlegen in Essig besser als getrocknete, doch sind auch diese verwendbar, wenn sie noch nicht zu alt sind.

Experimentierfreudigen Feinschmeckern bietet sich ein weites Betätigungsfeld an, um neue Gewürzmischungen zu erproben. Es sollte jedoch stets ein Grundprinzip beachtet werden: Geschmacklich darf nur das Aroma einer Pflanze dominieren, die anderen Kräuter sind gleichsam die »Begleitmusik«. Mehr als fünf verschiedene Würzpflanzen auf einmal zu verwenden, wäre Übertreibung.

Es sieht zwar dekorativ aus, die Pflanzen monatelang in der Essigflasche zu belassen, ist aber völlig unnötig: Nach längstens zwei Wochen sind alle Vitamine und löslichen Aromastoffe an den Essig abgegeben. Dann sollte gefiltert werden: Erst durch grobes Leinen, dann durch ein Stück Nylonstrumpf, zuletzt durch einen Kaffeefilter. In dunklen Flaschen kühl gelagert, hält Kräuteressig viele Monate lang. Es kann hie und da geschehen, daß er etwas schleimig wird. Dann ist nicht sauber genug gearbeitet worden.

Und was die *Essigsorten* anlangt: Apfelessig und Weinessig, rot oder weiß, sind am besten geeignet.

Essig mit Giersch und Beifuss

Jetzt gleich zur Praxis: In 0,7 l Essig werden drei frische Blütentriebe Beifuß und zwei Stengel Geißfuß (Giersch) mit Blättern und Stengeln angesetzt und 14 Tage zum Ziehen hell und warm gestellt, etwa am sonnigsten Fenster in der Wohnung. Stellvertretend für Giersch kann auch Petersilie genommen werden.

Dieser Kräuteressig eignet sich besonders für pikante Marinaden, für Saucen und zum »Ablöschen« des Paprikas bei der Zubereitung von Gulasch.

Pastinakenessig

3 mittelgroße Pastinakenblätter mit den Stielen und 2 Stengel Geißfuß auf 0,7 l Essig nehmen. Auch ein paar Blättchen Gundelrebe sind zur Verstärkung des Aromas zu empfehlen. Zubereitung wie oben beschrieben. Gut für Salatmarinaden.

Essig mit Schafgarbe

1 Stamm Schafgarbe mit Blüte – in diesem Fall getrocknet – wird für 24–36 Stunden in 0,7 l Weinessig eingelegt. Bei längerem Ziehen würde das Aroma zu stark.

Dieser Essig eignet sich besonders gut für kalte Wildbeizen.

Gewürzessig mit Wein und Honig

Das ist ein Grundrezept für die verschiedensten Gewürz- und Pflanzenmischungen, wobei lediglich der schon erwähnte Rat zu befolgen ist, daß nur eine Pflanze geschmacklich dominieren soll.

½ l herber Weißwein
½ l Weinessig
2 EL Bienenhonig

Der Honig wird in etwa 40 Grad warmen Wein aufgelöst und mit dem Essig vermischt. In dieser süßsauren Lösung werden nun beliebig Gewürze und Pflanzen angesetzt, frisch oder getrocknet. Je nach gewünschter Aromakraft nach ein bis zwei Wochen filtern und den Gewürzessig kühl aufbewahren.

Veilchenessig

2 Handvoll Veilchenblüten ohne Stiele
$^1/_4$ l herber Weißwein
$^1/_4$ l Weinessig
1 EL Honig

Es ist dies ein Spezialrezept nach der oben beschriebenen Art: Im leicht erwärmten Weißwein wird der Honig aufgelöst, dann kommen die Blüten hinzu, zuletzt der Essig. In einer gut verschlossenen Flasche wird der Veilchenessig ein bis zwei Wochen an einem hellen Ort warm gestellt, dann abgeseiht.

Durch sein außergewöhnliches Aroma verfeinert Veilchenessig nicht nur Salate und Saucen, er gilt auch als Mittel gegen Kopfschmerzen und wirkt nervenberuhigend, wenn man jeweils einen EL in $^1/_8$ l Wasser verdünnt trinkt.

Weinessig mit Holunderblüten

In Frankreich wird Weinessig, der mit Holunderblüten gewürzt wurde, sowohl von Küchenchefs als auch von Hausfrauen gern verwendet. Für Fischgerichte mit weißem Essig, für Wildbeizen oder sauren Braten mit Rotweinessig.

Die Zubereitung ist einfach: 2 mittelgroße Blütendolden werden mit einer Schere von den groben Stielen befreit, in eine helle Flasche gefüllt und mit 0,7 l Weinessig übergossen, dann 14 Tage zum Ziehen warmgestellt. Nach dem Filtern in dunklen Flaschen kühl aufbewahrt, hält dieser Würzessig aus den nur kurzfristig verfügbaren Holunderblüten viele Monate lang.

Quendelessig

Zum Ansetzen dieses Kräuteressigs verwendet man frisch getrockneten Quendel, am besten zwei Wochen nach dem Sammeln, doch keinesfalls älter als zwei Monate; und zwar die ganze Pflanze.

10 bis 15 Stengel mit Blüten läßt man in 1 l Apfelessig zwei Wochen ziehen; danach wird gefiltert und umgefüllt.

Auf diese Weise kann Essig auch mit *Dost* gewürzt werden, nur kommen in diesem Fall auf 1 l Apfelessig 4–6 Stengel mit Blüten.

Gänseblümchen-Knospen als »falsche« Kapern

Wenigen wird bekannt sein, daß die jungen, nußartig schmeckenden Knospen des Gänseblümchens als Kapernersatz zu verwenden sind (übrigens auch die Knospen des Wiesenbocksbarts, des Löwenzahns und der Kapuzinerkresse).

So werden die »falschen« Kapern hergestellt: Die Knospen gut waschen und trockenschleudern, in ein fest verschließbares Glas geben und mit einem milden, selbst zubereiteten Kräuteressig übergießen. Einige Schalotten, zwischen die Knospen gelegt, bereichern die geschmackliche Note.

Dieser Ansatz soll ein bis zwei Wochen warm stehen, danach aber kühl aufbewahrt werden.

Bärlauchessig

100 g Bärlauchzwiebeln, im Herbst gegraben, werden gut gewaschen, von den durchsichtigen Häutchen befreit und in dünne Scheiben geschnitten. Mit 1 l Wein- oder Obstessig übergießen, 10 Tage bis 2 Wochen – je nach gewünschter Geschmacksintensität – warm stellen und mehrmals durchrühren, dann abseihen. – Eine gute Würze für deftige Salate!

Am eigenwilligen Aroma scheiden sich die Geschmäcker:

Holunderblüten verhaßt und bejubelt

Botanischer Name: **Schwarzer Holunder**

Lat.: Sambucus nigra

Volksnamen:
In Deutschland: Schwarzholder, Holder, Zibke, Elderbaum, Keilken, Pisseke

In Österreich: Holler, Flieder, Eller, Hollerbusch

In der Schweiz: Holder, Schwarzer Flieder, Holle, Holderbusch, Ellhorn, Mausflieder, Altholder, Bachholder, Husholder

Botanische Merkmale: Jeder kennt diesen bis 10 Meter hoch werdenden Strauch mit seiner unglaublichen Wuchskraft, die hohlen Äste, die mit korkartigem Mark gefüllt sind, die weißen bis gelblichen Blütendolden, deren winzige Blütchen, wenn man genau hinsieht, wie Miniaturlilien aussehen. Sobald im Spätsommer und Herbst die Beeren reifen, ist der Holunderbusch ein Magnet für Vögel. Sie verschleppen die harten Samenkerne, was zur Folge hat, daß alljährlich die bei Gärtnern höchst unbeliebten Sämlinge wie Unkraut aus dem Boden schießen.

Standort: In der Nähe von Dörfern, Bauernhöfen, in Hausgärten und Wäldern. Außer im hohen Norden kommt der

Schwarze Holunder in ganz Europa bis in 1500 Meter Seehöhe vor.

Verwendung in der Küche: Es gibt wenige Wildpflanzen, die sich so großer Beliebtheit erfreuen und auf solche Ablehnung stoßen, ja geradezu verhaßt sind, wie die Blüten und Früchte des Schwarzen Holunders. Daran scheiden sich des eigenwilligen Aromas wegen die Geschmäcker.

Wir gehen von der Voraussetzung aus, daß Sie ihn mögen, wobei uns vorerst nur die Blüten interessieren, weil wir in diesem Buch den Jahreszeiten entsprechend vorgehen.

In Teig gebacken, ergeben die Blütendolden eine köstliche Süßspeise. Desgleichen lassen sich aus ihnen erfrischende Getränke herstellen.

Geschichte und medizinischer Aspekt: Bei der Ausgrabung von Steinzeit-Siedlungen in der Schweiz und Niederlassungen aus der Bronzezeit in Oberitalien identifizierten die Forscher in Speiseresten auch Holundersamen. Daraus läßt sich schließen, daß schon in prähistorischer Zeit Holunderbeeren zu Mus gekocht wurden. Die alten Griechen nutzten die Heilkraft des Strauches ebenso, im Mittelalter galt er als »Heiliger Baum«, und niemand hätte es gewagt, ihn umzuhacken, weil dies – wie aus alten Aufzeichnungen hervorgeht – für den Täter innerhalb dreier Tage den sicheren Tod bedeutet hätte. Selbst heute noch ziehen in manchen Gegenden, wie ein Sprichwort vorschreibt, Leute den Hut, wenn sie an einem Holunderbusch vorbeikommen.

Tee aus den Blättern gilt in der Volksmedizin als Mittel zur Förderung der Nierenfunktion und zur Blutreinigung. Tee aus Holunderblüten ist schweißtreibend und wirkt bei fiebrigen Erkältungskrankheiten, auch vorbeugend gegen Grippe, weil er die körpereigenen Abwehrkräfte mobilisiert.

Holunderküchlein – die gebackenen Blüten

(siehe Foto Seite 253)

Die meisten Hausfrauen haben ihre Spezialrezepte, um einen Backteig herzustellen – oft mehr nach dem Gefühl als nach gewogenen Zutaten. Hier ein Beispiel, das sich für diese köstliche Nachspeise sehr gut bewährt hat.

Für 4 Personen:

12 kleine bis mittlere Blütendolden

FÜR DEN TEIG:

200 g Mehl
3 Eier, getrennt
0,3 bis 0,4 l Milch (auch Wein oder Bier)
2 EL Öl
1 Prise Salz
Vanillezucker nach Geschmack
halb Butter, halb Schmalz zum Ausbacken
Staubzucker
Zimt zum Bestreuen

Eigelb, Mehl, Milch, Öl, Vanillezucker und Salz zu einem dicken Teig rühren. Nach kurzem Ruhen die zu Schnee geschlagenen Eiklar unterziehen. Die Holunderdolden in den Teig tauchen und in Fett goldbraun backen, mit Staubzucker und Zimt bestreuen.

Sektteig für Holunderblüten

Für 20 bis 24 große Blütendolden:

400 g Mehl
0,5 bis 0,7 l Sekt
0,2 l Mineralwasser
4 Eier
2 EL Öl
2 Päckchen Vanillezucker
1 Prise Salz

Mehl mit dem Vanillezucker gut durchmischen und danach in der Reihenfolge mit Eiern, Öl, etwas Salz, Sekt und Mineralwasser rasch zu einem dünnflüssigen Teig rühren.

Wenn der Arbeitsvorgang nicht rasch genug vor sich geht, wird der Teig beim Backen zäh, anstatt knusprig.

Ausbacken wie im vorhergehenden Rezept.

Holundermilch für Erwachsene

Für 4 Personen:

1 l Milch
5 Blütendolden (oder 3 EL getrocknete Holunderblüten)
4 EL Honig
3 Eigelb
2 Gläschen Cognac (oder Rum)

Holunderblüten in Milch kurz aufkochen, abseihen und etwas kühlen. Dann den Honig in der Holundermilch auflösen, Cognac oder Rum dazugeben und die drei Eigelbe einrühren.

Das ist nicht nur ein wohlschmeckendes Getränk, es hilft auch bei beginnender Erkältung.

Holundermilch

Ein bei Kindern überaus beliebtes Getränk, das lauwarm serviert wird.

Für 4 Personen:

2 Dolden Holunderblüten
$^3/_4$ l Milch
2 EL Honig
1 Msp Vanillezucker

Die kochende Milch über die abgezupften Blüten gießen, 15 Minuten ziehen lassen und abseihen. In die noch lauwarme Milch den Honig einrühren und den Geschmack mit Vanillezucker abrunden.

Milch-Shake mit Holunderblüten

Für 4 Personen:

4 große Dolden Holunderblüten
1 l Milch
4 Eigelb
3 EL Honig
$^1/_2$ Päckchen Vanillezucker
4–6 Likörgläser Weinbrand oder Cognac

Die Blütendolden mit kochender Milch überbrühen, 10 bis 15 Minuten ziehen lassen, abseihen und kalt stellen. Die Eigelbe mit Vanillezucker schaumig rühren und den Honig mit Weinbrand verflüssigen. Mit Eigelb und der Holundermilch gut durchrühren; in Trinkschalen füllen und kühl stellen. Dieses hervorragende Getränk eignet sich an warmen Frühlingstagen besonders gut zu Mehlspeisen.

Holundersirup

Eine wohlschmeckende Essenz, die mit Mineralwasser aufgespritzt oder mit kaltem Wasser verdünnt ein durstlöschendes Getränk ergibt.

12 bis 15 Dolden Holunderblüten
3 l Wasser
2 kg Zucker
3 ungespritzte Zitronen
60 g Zitronensäure

Das Wasser aufkochen, den Zucker einrühren und so lang kochen, bis die Lösung klar ist. Dann auskühlen lassen. Die Blütendolden von den groben Stengeln befreien und ausschütteln (manchmal sind kleine Insekten darin verborgen). Die Blüten mit den Zitronenscheiben in ein 5-l-Gurkenglas geben und die Zuckerlösung darübergießen. Von dem Zuckerwasser wird eine Tasse voll aufgehoben: Darin die Zitronensäure auflösen und in die Mischung einrühren.

Das Ganze bleibt fünf Tage stehen, wird dann abgeseiht und in saubere Flaschen gefüllt, die mit einer Gummikappe verschlossen werden sollten. Kühl gelagert, um eine Gärung zu vermeiden, hält sich der Sirup mindestens bis zur nächsten Blüte. Manchmal bilden sich kleine Klümpchen aus dem Blütenstaub, die man für Schimmel halten könnte, die die Qualität aber nicht beeinträchtigen.

Ungeliebtes Unkraut, angeblich ein Aphrodisiakum, das auch noch gut schmeckt:

Wiesenbärenklau gut zu »ehelich' Werken«

Botanischer Name: **Wiesenbärenklau**

Lat.: Heracleum spondyleum

Volksnamen:
In Deutschland: Bärenfuß, Bärentatze

In Österreich: Bärentatzen, Bärenpratzen, Saukraut, Hasenkraut, Bullnklau

In der Schweiz: Bärentatze, Bärenfuß, Kuhlatsch, Säuchrut, Emdstengel, Kröpel, Rauhmaul

Botanische Merkmale: Der deutsche Name leitet sich wohl daher ab, daß diese Pflanze bis zu 1,5 Meter hoch wird, und wohl auch deshalb, weil die rauhaarigen Blätter an die Tatzen eines Bären erinnern. Sie sind graugrün, in ungleichen Lappen eingeschnitten, mit bauchigen Blattscheiden. Die Stengel sind kräftig, behaart, längsseits gerieft und hohl. Die weißen Blütendolden mit bis zu 40 Strahlen erscheinen je nach Höhenlage zwischen Juni und September. Sobald sich die Samen gebildet haben, erinnert die Dolde an den bekannten Kümmel, doch sind die Früchte größer, bis zu 11 Millimeter lang und abgeflacht.

Standort: In Auwäldern, an Bachufern, in Gräben und auf Wiesen oft massenhaft auftretend. Für die Bauern ein verhaßtes Unkraut, weil sich der Wiesenbärenklau durch Düngung mit Jauche auf Wiesen so stark vermehrt, daß er zur dominierenden Pflanze wird. Sie kommt mit Ausnahme der Mittelmeerländer in ganz Europa bis etwa 2500 Meter Seehöhe vor, in etwas abgewandelter Form auch in Asien.

Verwendung in der Küche: Im asiatischen Raum gilt der Bärenklau auch heute noch als Aphrodisiakum, bei uns ist diese Pflanze – zumindest in dieser Hinsicht – in Vergessenheit geraten, obwohl in der älteren Literatur zu lesen ist, daß sie »zu ehelich' Werken reizt«. Zurück zum Essen! Der Geschmack des Wiesenbärenklau ist stark würzig, aber mild, weshalb er für alle Arten von Mischgemüsen, Wildkräuterpürees und Saucen geeignet ist. In kleineren Mengen können die ganz jungen Blätter auch Salaten beigegeben werden. Aus Großmutters Küche stammt der Ratschlag, daß Bärenklau vor allem den Geschmack von Kartoffeln »aufmöbelt«, die im Frühjahr nach der langen Lagerzeit viel von ihrem ursprünglichen Wert verloren haben. Deshalb basieren die folgenden Rezepte großteils auch auf der Kombination mit Kartoffeln.

Nur in sehr jungem Zustand können Bärenklaublätter ganz fein gehackt als Würze für Eierspeisen und Quarkaufstriche (Topfenaufstriche) Verwendung finden.

Gesundheitlicher Aspekt: In Büchern über die Heilkräfte der Pflanzen wird neuerdings auf die anregenden, potenzsteigernden Eigenschaften des Wiesenbärenklau verwiesen. Er wirkt blutdrucksenkend und verdauungsfördernd. *Doch Vorsicht:* Bei sehr empfindlichen Menschen kann der Saft der Pflanze auf der Haut bei starker Sonnenbestrahlung eine Hautentzündung (Wiesendermatitis) verursachen.

Bärenklausuppe

Für 4–6 Personen:

150 g frische Bärenklaublätter
300 g Kartoffeln
2 große Zwiebeln
20 g Butter
1 1/4 l Gemüse- oder Knochenbrühe

Für die Einlage:

10 g Bärenklaublätter
20 g Butter
4 EL Schlagsahne

Die Kartoffeln schälen und würfeln, Zwiebeln und Bärenklaublätter fein hacken. Die Butter in einer weiten Pfanne schmelzen, Zwiebel und Blätter darin anlaufen lassen, die Kartoffelwürfel dazugeben und unter ständigem Wenden ein bis zwei Minuten erhitzen, dann mit der Gemüse- oder Knochenbrühe aufgießen und zugedeckt 15 bis 20 Minuten leicht köcheln lassen, salzen. Die Brühe im Mixer ganz fein pürieren.

Als Brüheneinlage werden nun 10 g junge Bärenklaublätter verwendet. Diese, ebenfalls grob geschnitten, werden kurz in Butter gedünstet und mit der Sahne aufgegossen. Diese Masse etwas einkochen, mit der Brühe mischen und nochmals kurz aufwallen lassen.

Bärenklau-Kartoffelpüree

(siehe Foto Seite 254)

Kartoffelpüree – einmal anders. Es eignet sich besonders gut zu gegrillten oder gebratenen Koteletts, zu Steaks oder Saftfleisch.

Für 4–5 Personen:

1 kg mehlige Kartoffeln
100 g Butter
50 g junge Bärenklaublätter
1/4 l Milch
Salz

Die Kartoffeln schälen, vierteln, in Salzwasser weich kochen und pürieren (dies für den Fall, daß Sie keine sehr mehligen Kartoffeln zur Hand haben. Mehlige Kartoffeln werden im ganzen gekocht, geschält, noch heiß passiert oder durch die Kartoffelpresse gedrückt.).

Während die Kartoffeln kochen, werden die Bärenklaublätter zusammen mit der Milch im Mixer ganz fein zerkleinert, gesalzen und dann mit der Butter einmal aufgekocht. Diese Masse wird nun in das Kartoffelpüree fest eingerührt und alles nochmals kurz erhitzt.

Bauernomelett mit Bärenklau

Ein deftiges Zwischengericht.

Für 2 Personen:

2 TL Bärenklaublätter, ganz fein gehackt
20 g Butter
50 g Räucherspeck
150 g Kartoffeln, gekocht und gewürfelt
4 oder 5 Eier, je nach Größe

In einer weiten Pfanne die Butter erhitzen und den in Würfel geschnittenen Speck darin glasig anbraten. Die Kartoffelwürfel dazugeben und leicht anrösten. Unterdessen die Eier aufschlagen und mit den gehackten Bärenklaublättern verquirlen, salzen und in die Pfanne gießen. Bei starker Hitze die Eier stocken lassen und das Ganze auf eine vorgewärmte Platte stürzen. Sofort servieren.

Gut dazu: einer der Wildkräutersalate aus diesem Buch.

Bärenklau-Auflauf

Eine wundervolle Beilage zu Fleischspeisen.

Für 4–6 Personen:

300 g Bärenklaublätter
300 g Blätter der Melde oder des Wiesenknöterichs
Salz
Pfeffer

Zum Legieren:

$^1/_4$ l Schlagsahne
1 Ei
2 Eigelb
Salz

Die Blätter der Wildkräuter gründlich waschen, grobe Stiele entfernen, abtropfen lassen und danach grob hacken. In 2 l kochendem Salzwasser die zerkleinerten Blätter 5 Minuten blanchieren, dann abseihen und gut abtropfen lassen.

Unterdessen eine entsprechend große Porzellanform mit Butter ausstreichen und die Sahne mit einem ganzen Ei und 2 Eigelb verquirlen.

50 g Butter in einer Pfanne aufschäumen, die blanchierten Kräuter darin schwenken, mit Salz und Pfeffer würzen und in die vorbereitete Porzellanform füllen. Die Blattmasse wird nun mit dem Gemisch aus Eiern und Sahne übergossen und im Wasserbad bei 150 Grad im Backrohr etwa 15 Minuten lang pochiert, dann gestürzt.

Den Kräuterauflauf entweder in Portionen schneiden oder im Ganzen mit brauner Butter übergossen auftragen.

Bärenklaugemüse

Für 4 Personen:

800 g Bärenklausprossen und -triebe
200 g Wurzelwerk (Möhren, Sellerie, Petersilie)
40 g Butter
1 Zwiebel
1 EL Essig
Salz, Muskat
10 bis 15 Bärlauchblätter

Die jungen Sprossen und Triebe in kleinere Stücke schneiden. Das Wurzelwerk waschen, bürsten und ebenfalls in etwa gleich große Stücke wie die Sprossen schneiden. Das Wurzelwerk gut mit Wasser bedeckt 5 Minuten kochen, die Sprossen beigeben und 10 Minuten weiterkochen. Das Gemüse darf nicht zu weich werden, weil es noch gedünstet wird. Nach 15 Minuten Gesamtkochzeit das Gemüse abseihen und das Kochwasser aufbewahren.

Die fein gehackte Zwiebel in der Butter glasig anschwitzen, mit dem Essig ablöschen, das Gemüse dazugeben, kurz durchrösten und mit $^{1}/_{4}$ l Kochsud aufgießen, würzen und weich kochen. Mit den fein gehackten Bärlauchblättern bestreut anrichten.

Paracelsus legte es auf Wunden.
Wir sagen Ihnen, wie es zur Delikatesse wird:

Beinwell, ein Heilkraut »innerlich« angewandt

Botanischer Name: **Beinwell**

Lat.: Symphytum officinale

Volksnamen:
In Deutschland; Schwarzwurz, Bienenkraut, Eselsohrwurzel, Waldwürze, Himmelsbrod

In Österreich: Wallwurz, Beinwurz, Schmeerwurz, Schwarzwurzen, Zuckerhaferl, Milchwurz, Speckwurz

In der Schweiz: Hasenbrot, Hasenlaub, Himmelsbrot, Honigblum, Milchwurz, Eselsohrwurzel, Soldatenwurzel

Botanische Merkmale: Beinwell ist eine ausdauernde Pflanze, die bis zu 80 cm hoch wird. Der Stengel ist aufrecht und vierkantig verzweigt. Besonders auffallend ist, daß die Blätter stark rauhaarig sind. Ihre Form ist elliptisch-lanzettlich. Zwischen Mai und Juli treiben die Blüten aus. Sie können je nach Standort violett, rosa oder gelblich sein. Sie sitzen in überhängenden »nickenden« Trauben. Der Wurzelstock ist außen schwarz, innen weiß und schleimig.

Standort: Beinwell bevorzugt feuchte Stellen an Waldrändern, Gräben und Bachufern, wo er oft in Massen auftritt. Er kommt in den meisten europäischen Ländern – mit Ausnahme des Mittelmeerraumes – bis in 1500 Meter Höhe vor.

Die Landwirte sehen Beinwell auf ihren Wiesen gar nicht gern, weil die Pflanzen wegen ihrer Wuchskraft sehr nährstoffzehrend sind und wegen ihrer Rauhborstigkeit vom Weidevieh gemieden werden.

Verwendung in der Küche: Als Heilpflanze ist Beinwell seit Jahrhunderten bekannt, doch in den meisten Gegenden weiß man nicht, daß er auch ausgezeichnet schmeckt. Botanisch ist Beinwell mit dem Borretsch (Gurkenkraut) verwandt, der viel und gern in Gärten als Würzkraut gepflanzt wird. Sowohl die Blätter als auch die Wurzeln sind in der Küche verwendbar. Die Blätter werden vor und während der Blütezeit, die Wurzeln das ganze Jahr über gesammelt. Falls Sie größere Mengen der Wurzelstöcke ausgraben wollen, fragen Sie bitte den Grundbesitzer. Landwirte werden meist nichts dagegen haben, weil Sie ihnen ein Unkraut beseitigen.

Beinwellblätter bilden die Basis für wohlschmeckende Säfte, man kann sie in Teig oder in Omeletts backen oder fein gehackt als Würze verwenden. Die Wurzeln, deren schwarze Haut leicht zu entfernen ist, bilden fein geschabt eine Bereicherung von Rohkostplatten. Gedünstet schmecken Beinwellwurzeln ganz ausgezeichnet. Man kann sie für sich allein verwenden oder anderen Wurzelgemüsen beimischen.

Für kaum eine andere Pflanze trifft unsere Feststellung so sehr zu: Sie schmeckt ausgezeichnet, und gesund ist sie auch noch!

Gesundheitlicher Aspekt: Schon der berühmte Arzt Paracelsus, 1494 in Einsiedeln in der Schweiz geboren und 1541 in Salzburg gestorben, erzielte mit Beinwell-Umschlägen verblüffende Heilerfolge bei Knochenbrüchen und offenen Wunden. Bewirkt wird dies durch die Substanz Allantoin, das die Zellbildung fördert und selbst schwelende Wunden zum Abheilen bringt. Das ebenfalls in der Wurzel enthaltene Cholin erweitert die Gefäße in der Haut und fördert die Durchblutung. Auch das gut lösliche Blattgrün des Beinwell ist nach Aussagen ernsthafter Mediziner und Forscher für die Stoffwechselvorgänge im menschlichen Organismus von großer Wirksamkeit.

Säfte mit Beinwell

Dieses mild-würzige Gewächs, verwandt mit dem Borretsch, oder Gurkenkraut, das gern im Kräutergarten angepflanzt wird, bildet die geschmackliche Basis für hervorragende Säfte.

Dazu werden die zerkleinerten Beinwellblätter mit jeweils soviel Wasser angesetzt, daß sie gerade bedeckt sind. Nach einigen Stunden werden Wasser und Blätter im Mixer ganz fein zerkleinert und abgeseiht. Der Rückstand im Sieb sollte ausgedrückt werden. Diesen Saft kann man nun zur weiteren Verwendung zwölf Stunden im Kühlschrank aufheben, nicht länger.

Beinwell-Gemüsedrink

Für jeweils 2 Personen:

6 bis 10 junge, frische Beinwellblätter
$^1/_8$ l Wasser
1 Knoblauchzehe
1 Möhre
$^1/_2$ rote Bete
$^1/_2$ Zwiebel
$^1/_4$ kleine Gurke
2 Tomaten
Saft von $^1/_2$ Zitrone
Salz
Pfeffer
1 Prise Glutamat und eventuell
Muskat

Den Beinwellsaft wie oben beschrieben zubereiten und wieder in den Mixer füllen. Nach und nach die klein geschnittenen Gemüse zugeben und auf hohen Touren fein zerkleinern. Den Gemüsesaft je nach Geschmack mit Salz, Glutamat, Pfeffer, eventuell auch Zucker und Muskat würzen. – Dies ist eine wahre Vitaminbombe für heiße Sommertage.

Beinwell-Früchtedrink

Für jeweils 1 Person:

6 bis 10 frische, junge Beinwellblätter
$^{1}/_{8}$ l Wasser
1 Orange
1 Zitrone (oder Grapefruit)
2 Äpfel
Früchte nach Wahl
Zucker

Wie beim Gemüsedrink den Beinwellsaft in den Mixer füllen, mit dem Saft der Zitrusfrüchte und den geschälten und zerkleinerten Äpfeln zu einem Shake mixen. Nach Belieben mit Honig würzen. Dieser Früchtedrink kann an heißen Sommertagen auch für Früchtekaltschalen verwendet werden, indem man ihn mit Sahne verrührt und über Früchte nach Wahl in eine Schale gießt.

Kalte Gurkensuppe mit Beinwell

Eine erfrischende, würzige Suppe für heiße Sommertage.

Für 4–6 Personen:

1 Gurke, etwa 300 g schwer
3/8 l saure Sahne
3/4 l Fleischbrühe vom Rind
2 EL Weinessig
1 KL Zucker
Salz
Pfeffer
3 EL fein gehackte Beinwell-Blätter

Die geschälte und falls nötig entkernte Gurke in hauchdünne Scheiben hobeln oder – manche mögen das lieber – in Stücke schneiden und im Mixer fein pürieren.

Die Gurkenscheiben kräftig salzen, mit dem Essig übergießen, durchmischen und ruhen lassen. Die saure Sahne verquirlen, unter die Gurken mischen, mit Zucker abschmecken und mit Pfeffer würzen. Die sorgfältig entfettete Rindsbrühe zugießen, eventuell noch nachsalzen. Die Suppe wird bis zum Servieren kalt gestellt. Ganz zuletzt werden die feinst gehackten Beinwellblätter eingerührt.

Beinwell-Kartoffelsuppe

Für 4 Personen:

6 große Beinwellblätter
1 Stück Beinwellwurzel
3 mittelgroße Kartoffeln
1 Stange Sellerie mit Blatt
1 kleine Zwiebel
$^1/_2$ Möhre
$^1/_2$ Petersilienwurzel
1 Lorbeerblatt
1 l Gemüsebrühe
$^1/_8$ l Schlagsahne
Salz
Pfeffer

Alle Gemüsezutaten klein schneiden, in der Gemüsebrühe weich kochen und durch ein Sieb streichen. Nochmals erhitzen und die Sahne einrühren. Einen Tupfer geschlagene Sahne auf die Suppe setzen. Einlage: würfelig geschnittene gekochte Kartoffeln.

Beinwell-Gemüse

Eine gute Beilage zu gekochtem Rind- oder Schaffleisch.

Für 4 Personen:

150 g junge Beinwelltriebe und -blätter
20 g Butter
1 kleine Zwiebel (oder ein paar Schalotten)
Salz
1 Prise Muskat

Triebe und Blätter sauber waschen und abtropfen lassen. Die Butter erhitzen, die fein gehackte Zwiebel (oder Schalotten) glasig anlaufen lassen. Die Blätter dazugeben, würzen, kräftig durchmischen, eventuell mit ganz wenig Wasser aufgießen und im halb zugedeckten Topf etwa fünf Minuten lang weich garen.

Omelett mit Beinwellwurzeln

Die gründlich gewaschenen und sorgsam geschälten Beinwellwurzeln können entweder roh ganz fein geraspelt jedem Omelettenteig beigemischt werden. Oder besser: Die Wurzeln werden in Stücke geschnitten, mit etwas Butter und Wasser (Gemüsebrühe) weich gedünstet, dann portionsweise entweder in einen Eierkuchenteig gemischt oder als Füllung in ein Omelett geschlagen.

Zwei wenig einladende Namen
für zwei exzellente Wildgemüse:

Vom Natternkopf und der Ochsenzunge

Botanischer Name: **Gemeiner Natternkopf**

Lat.: Echium vulgare

Da diese beiden Pflanzen – Natternkopf und Ochsenzunge – seit Jahrhunderten verwechselt werden, sind auch die Volksnamen identisch.

Volksnamen:
In Deutschland: Gebräuchliche Ochsenzunge, Blauer Natternkopf, Blaustern

In Österreich: Himmelsauge, Liebäugel, Wohlgemutsblume, Wildochsenzung

In der Schweiz: Natternkopf, Ochsenzunge, Fronällästängel

Botanische Merkmale: Die Volksnamen des Natternkopfes haben in der botanischen Literatur zu vielerlei Verwechslung Anlaß gegeben – mit der Gemeinen Ochsenzunge und dem Borretsch; was freilich nichts ausmacht, weil beide eßbar sind. Der Natternkopf entwickelt im ersten Jahr nur eine Blattrosette, im zweiten Jahr wächst ein kräftiger, oben verzweigter Stengel. Blätter und Stiele sind rauh, stechend borstig. Die Blätter sind schlank, lanzettförmig.

Ab Juni entwickeln sich in den Stielachseln Blüten, die dicht in einer stark verlängerten Traube stehen. Die Blütenblätter machen eine Farbwandlung durch. Erst sind sie rosa, dann leuchtend azurblau. Charakteristisch ist der gurken- oder borretschähnliche Geruch der zerriebenen Blätter.

Standort: An Wegrändern und Schutthalden bis auf etwa 1500 Meter Seehöhe in ganz Mitteleuropa.

Verwendung in der Küche: Name und borstiges Aussehen sollten Feinschmecker nicht vom Natternkopf abhalten. Er ist eine ausgezeichnete Wildpflanze für Gemüsemischungen. Roh und fein gehackt auch für Salate, wenn er einige Zeit in Öl eingelegt wurde, wodurch das »Kratzige« vergeht.

Gesammelt werden die jungen Blätter der einjährigen Blattrosette (nur, wenn man sie genau kennt) und die Blätter der zweijährigen Pflanze vor der Blüte. Ebenso die Triebspitzen.

Gesundheitlicher Aspekt: Als Heilpflanze vergessen und nicht mehr in Verwendung, weil vom Borretsch verdrängt. Ebenso wie alle Rauhblattgewächse von allgemein gesundheitlichem Wert.

Botanischer Name: **Gemeine Ochsenzunge**

Lat.: Anchusa officinalis

Botanik: Wie der Natternkopf, Beinwell und Borretsch ist auch die Ochsenzunge ein Rauhblattgewächs. In Anspielung auf die rauhe Rinderzunge entstand wohl auch der Name. Die bis zu 60 cm hohe Pflanze ist ausdauernd, im oberen Teil verzweigt, der Stiel ist ebenso borstig wie die schmal eiförmigen Blätter. Die Blüten, zwischen Juni und August erscheinend, sind anfangs rosa, später dunkelblauviolett gefärbt und stehen in Rispen. Im Herbst entwickeln sich braune, runzelige Nüßchen.

Standort: In Mittel- und Südeuropa, an Wegrändern, auf Bahndämmen und Schuttplätzen, bis etwa 1800 Meter Seehöhe.

Verwendung in der Küche: Ebenso wie Natternkopf.

Gesundheitlicher Aspekt: Aus der Wurzel der Ochsenzunge wurde früher ein roter Farbstoff gewonnen, der zu Schminke verarbeitet wurde. Ganz abgesehen davon gilt sie seit altersher als Heilkraut, in der Wirkung sehr ähnlich dem Beinwell und dem Borretsch. Kurioserweise wurde die Pflanze als Mittel gegen Depressionen eingesetzt. So heißt es in einem alten Kräuterbuch, das 1737 erschienen ist: *»Welchem Menschen von melancholischem Dunsten das Hirn austrucknet ist, der nemme Saft von Borragen oder Ochsenzung, netze einen Schwam darinn oder leinen Tüchlein und lege sie übers Haubt.«*

Cremegemüse mit Spiegelei

Für 4–6 Personen:

600 g Blätter und Triebe von Natternkopf
und/oder Ochsenzunge
$^{1}/_{2}$ l Gemüse- oder Knochenbrühe
50 g Butter
1 mittelgroße Stange Lauch
1–2 Knoblauchzehen (oder 1 Bärlauchzwiebel)
Salz und Pfeffer
$^{1}/_{8}$ l Schlagsahne
1 Eigelb
je 1 Spiegelei pro Portion

Die Gemüsebrühe aufkochen und die sorgfältig gewaschenen und abgetropften Blätter und Triebe im ganzen in den Topf geben. Zunächst zugedeckt weich dämpfen, dann offen Flüssigkeit verdampfen lassen.

Den Lauch in der Butter glasig dünsten, das abgetropfte Blattgemüse dazugeben, salzen, mit Pfeffer und zerdrücktem Knoblauch würzen, kurz aufkochen und danach im Mixer pürieren. Die Creme nochmals zum Kochen bringen, vom Herd nehmen und etwas abgekühlt mit dem in Sahne verquirlten Eigelb legieren.

Mit Spiegelei und zu gekochtem Rindfleisch serviert, ist dieses milde Cremegemüse eine Delikatesse.

Kräuterspaghetti

Ein aus Italien stammendes Vorspeisenrezept der »Großen Küche«. Es sieht zwar nach viel Arbeit aus, ist in Wahrheit aber schnell gemacht. In unserem Fall wird Ochsenzunge verwendet. Es können jedoch auch viele andere Kräuter genommen werden, wobei die Wahl der Mischung ein gewisses Feingefühl erfordert.

Für 4 Personen:

FÜR DIE KRÄUTERMISCHUNG:

100 g junge Triebe und Blätter der Ochsenzunge
ein paar Stengel Geißfuß (oder andere feine Kräuter)
$^{1}/_{2}$ Stange Lauch (Porree)
30 g Butter
$^{1}/_{8}$ l Gemüse- oder Knochenbrühe
Salz
frisch gemahlener Pfeffer

FÜR DIE TEIGWAREN:

500 g Spaghetti (oder Bandnudeln)
3 TL Salz
1 EL Öl

FÜR DIE CREME:

125 g Butter
$^{1}/_{16}$ l Schlagsahne
50 g frisch geriebener Parmesan

Die Blätter der Ochsenzunge nudelig schneiden, den Lauch in dünne Ringe, den Giersch fein hacken. Butter in einer Kasserolle schmelzen, Lauch und Kräuter zugeben und bei starker Hitze gut durchrühren. Mit der Brühe aufgießen, salzen, pfeffern und auf kleiner Flamme verkochen. Die Kräuter abkühlen lassen und klein hacken. Während die Nudeln im Salzwasser kochen, wird die Creme zubereitet: Butter schaumig rühren, nach und nach löffelweise Sahne beigeben, den Parmesan einstreuen, gut verrühren. Zuletzt werden die abgekühlten Kräuter untergemischt. (Die Creme läßt sich übrigens zur späteren Verwendung etwa zwei Tage im Kühlschrank aufheben.) Die Spaghetti, sobald sie *al dente* – kernig weich – gekocht sind, abseihen, lauwarm spülen und abtropfen lassen. Unterdessen wurde im Backrohr eine hitzefeste Schüssel sehr gut vorgewärmt. In diese kommen nun die Spaghetti, werden mit der Kräutercreme vermischt und gleich serviert.

Grüne Pfannkuchenfülle

Für 4–6 Personen:

500 g junge Triebe und Blätter von Ochsenzunge
oder Natternkopf
30 g Butter
1 mittelgroße Zwiebel
30 g Mehl
4–6 Stengel Geißfuß (oder Petersilie)
$^1/_8$ l Milch
1 Knoblauchzehe (oder Bärlauchzwiebel)
Salz und Pfeffer
Muskat
beliebig auch noch Blätter von Brennessel
und Gundelrebe

Alle Kräuter verlesen, sorgfältig waschen und in leicht gesalzenem, kochendem Wasser blanchieren, bis sich die Stengel weich anfühlen. Dann abseihen, kalt abspülen, gut abgetropft auf einem Brett hacken (ein wenig vom Kochwasser aufheben).

Die fein gehackte Zwiebel in der Butter glasig dünsten, mit dem Mehl stauben und gut durchrösten. Mit dem abgekühlten Kochwasser und der Milch (es kann auch Sahne sein) aufgießen und zu einer sämigen Sauce einkochen. Nach dem Würzen mit Salz, Pfeffer und Muskat die gekochten Kräuter zugeben, gut durchrühren und nochmals aufkochen. Auf die vorbereiteten Wiener Pfannkuchen (siehe folgendes Rezept) werden nun jeweils 1–2 Löffel der Fülle verstrichen. Die Pfannkuchen zusammenrollen, auf gut vorgewärmten Tellern anrichten und eventuell mit ein wenig der Kräuterfülle überziehen.

Für jene Feinschmecker, die **Wiener Pfannkuchen** (Palatschinken) noch nicht kennen, hier eines der möglichen Rezepte:

250 g Mehl
3 Eier
$^{3}/_{8}$ l Milch
$^{1}/_{8}$ l Mineralwasser
1 Prise Salz

Mehl mit der Milch und den aufgeschlagenen Eiern zu einem dünnflüssigen Teig verrühren. Zuletzt das Mineralwasser unterrühren. Der Arbeitsvorgang soll schnell vor sich gehen, weil die Pfannkuchen sonst zäh werden.

In einer weiten, runden Stielpfanne wenig Öl oder Butter erhitzen und so viel von dem Teig eingießen, daß der Boden damit überzogen ist. Die Pfannkuchen auf beiden Seiten goldgelb backen – so lange, bis der Teig verbraucht ist. Wiener Palatschinken sollten, wenn als Süßspeise serviert, hauchdünn sein. In unserem Fall, mit Kräuterfüllung, dürfen sie jedoch ruhig dicker sein.

Ein seit langem vergessenes Wildgemüse, das man früher »Himmelbrod« nannte:

Schon die alten Römer aßen Wiesenbocksbart

Botanischer Name: **Wiesenbocksbart**

Lat.: Tragopogon pratensis

Volksnamen:
In Deutschland: Himmelsbrot

In Österreich: Freßblume, Bochbatzer, Knaupel

In der Schweiz: Milchblume, Melcher, Sternächrut, Ochsengukel, Süesskrut, Habermark, Gugelgau, Himmelbrod, Paperasch

Botanische Merkmale: 40–80 cm hoch mit aufrechten, wenig verzweigten Stengeln. Die Blätter wachsen aus Knoten, die den halben Stengel umfassen; sie sind schmal, lanzettlich und lang zugespitzt. Die gelben Blutenköpfe, die zwischen Mai und Juli erscheinen, erinnern entfernt an einen anderen Korbblütler, den Löwenzahn. Sie sitzen einzeln auf den Stielen, mit lanzettlich spitzen Hüllblättern. Die Blütenkörbchen öffnen sich am Morgen und schließen sich bereits am Nachmittag wieder. Der Wiesenbocksbart hat eine dunkelbraune Pfahlwurzel mit viel weißem Milchsaft. Sein Name entstammt vermutlich den 2 cm langen Früchten, die eine große bocksbartähnliche Haarkrone aufweisen.

Standort: Auf Wiesen und an Wegrändern oft in Massen. In ganz Europa bis 2200 Meter Seehöhe.

Verwendung in der Küche: Schon die Römer haben Wiesenbocksbart geschätzt, was die Darstellung seiner Wurzel auf einem Wandfresko in Pompeji beweist. Noch im ausgehenden Mittelalter wurde diese Pflanze in Haus- und Klostergärten angebaut, jedoch später als Gemüse durch das Aufkommen der Schwarzwurzel verdrängt.

Eßbar daran sind die jungen Pflanzen samt den Blütenknospen, die Blätter und auch die Wurzel, die geschmacklich den im Handel erhältlichen Schwarzwurzeln ähnlich ist, jedoch milder schmeckt.

Die Schößlinge werden im ganzen von April an bis zum Erscheinen der Blüten wie Spargel oder Hopfensprossen verwendet, die Blätter das ganze Jahr über als gleichwertige Alternative zu Spinat oder als Salat, der vom Geschmack her dem Chicorée oder der Endivie ähnlich ist. Vor allem das Mark des Stengels schmeckt süßlich und kann auch roh gegessen werden. Aus der Wurzel schließlich läßt sich ein wohlschmeckendes Gemüse herstellen. Wegen seines milden und etwas süßlichen Geschmacks ist der Wiesenbocksbart zum Mischen mit herberen Wildkräutern (Brennessel, Giersch, Wegerich und Pastinake) besonders gut geeignet. Schon die Volksnamen Freßblume und Himmelbrod verweisen auf die Eßbarkeit und die Beliebtheit dieser Pflanze in alten Zeiten.

Gesundheitlicher Aspekt: Wiesenbocksbart ist reich an Vitaminen und Mineralstoffen und sollte deshalb besonders roh in Salaten verwendet werden. Es wird ihm eine blutreinigende, entwässernde und schweißtreibende Wirkung nachgesagt. Die Wurzel enthält das schon erwähnte Inulin (nicht Insulin) und ist deshalb für Zuckerkranke besonders bekömmlich.

Bocksbart-Schößlinge gebacken

20 Wiesenbocksbart-Schößlinge (mit Knospen, nicht aber Blüten)

FÜR DEN BACKTEIG:

140 g Mehl
$^1/_8$ l Milch (oder Mineralwasser)
2 EL Öl
2 Eier, getrennt
Salz
Öl (oder Fett zum Herausbacken)

Die ganzen Pflanzen gut waschen und abtropfen lassen. Unterdessen den Backteig zubereiten. Das Mehl wird mit Milch (oder Mineralwasser), Öl, den 2 Eigelben und etwas Salz möglichst rasch zu einem glatten Teig verrührt. Längeres Rühren sollte vermieden werden, weil der Teig beim Backen sonst zäh wird. Aus den Eiweißen steifen Schnee schlagen und vorsichtig unter den Teig mischen.

Die Bocksbartpflanzen durch den Backteig ziehen, sogleich in das heiße Öl oder Fett legen und goldgelb backen. Dazu paßt grüner Salat oder einer der in dieser Rezeptsammlung erwähnten Wildkräutersalate sowie alle möglichen Gemüsesalate.

Kräuterreis mit Wiesenbocksbart

4 Portionen gedämpfter Reis (am besten Naturreis)
300 g junge Stengel und Blätter des Wiesenbocksbarts
1 Stück Lauch (Porree, 10 cm lang)
5 Blätter Gundelrebe
3 Stengel Pastinake
3 Stengel Geißfuß (Giersch)
40 g Butter
$^1/_8$ l Gemüse- oder Knochenbrühe

Die jungen Stengel des Bocksbarts in 2 cm große Stücke schneiden, die Blätter grob hacken. Gundelrebe, Pastinake und Geißfuß (Giersch) auf einem nassen Küchenbrett (sonst gehen Geschmacksstoffe verloren) ganz fein wiegen, den Lauch in feine Ringe schneiden.

Die Butter in einer weiten Pfanne schmelzen, den Lauch dazugeben und glasig dünsten. Dazu kommen die Wildkräuter. Sie werden mit der Brühe aufgegossen, etwa 5 Minuten zugedeckt gekocht und nochmals 5 Minuten halb zugedeckt eingedampft.

Diese Wildkräutermischung mit dem unterdessen warm gehaltenen Reis mischen und auf vorgewärmten Tellern gefällig anrichten.

Als Zugabe: 2 Eier in wenig Butter verquirlen, in einer Pfanne stocken lassen (nicht zu hart) und portionsweise über den angerichteten Wildkräuterreis geben.

Wem dieses Gericht nicht saftig genug ist, dem ist dazu eine Gemüsesauce zu empfehlen, die Peter Mayr in seinem »Biologischen Kochbuch« (erschienen im ORAC-Verlag, Wien 1982) empfiehlt.

Gratinierte Bocksbart-Wurzeln mit Schinken

Um Bocksbartwurzeln weiterverwenden zu können, müssen sie zunächst gekocht werden, ähnlich wie dies mit Schwarzwurzeln geschieht. Nach gründlichem Reinigen durch Abbürsten mit viel Wasser werden die Bocksbartwurzeln heiß überbrüht, damit sich die dunkle Haut leicht abziehen läßt. Nach dem Schälen legt man die Stücke in kaltes Wasser, das mit ein wenig Essig oder Zitronensaft gesäuert wurde.

Das Kochwasser wird mit ein wenig Mehl versetzt (1 TL in 2 l aufgelöst), gesalzen und mit dem Saft einer halben Zitrone und etwas Pfeffer gewürzt. Die Kochzeit richtet sich nach der Größe der Wurzeln und der gewünschten Festigkeit. Sie beträgt etwa 8–15 Minuten. Danach läßt man die Wurzeln im Sud erkalten und bis zur Weiterverwendung darin liegen.

30 g Bocksbartwurzeln (je nach Größe)
150 g gekochter Schinken in dünnen Scheiben
40 g Butter

FÜR DIE BÉCHAMELSAUCE MIT KÄSE:

40 g Butter
2 EL Mehl
1/4 l Milch
2 EL saure Sahne
2 EL Parmesan oder
4 EL geriebener Emmentaler
1/2 Zitrone
1 TL Essig
Salz, Pfeffer

Die Béchamelsauce vorbereiten: Die Butter in einer Kasserolle schmelzen, darin das Mehl zart anlaufen lassen, mit der kalten Milch aufgießen und unter ständigem Rühren eindicken. Danach den geriebenen Käse unterrühren, mit dem Saft der halben Zitrone, Essig und Pfeffer abschmecken, salzen und abkühlen lassen.

Während die Sauce kühlt, die Bocksbartwurzeln, wie oben erläutert gekocht, aus dem Sud heben und abtropfen lassen. Eines oder mehrere Wurzelstücke (je nach Größe) in jeweils ein Schinkenblatt wickeln und in eine gut mit Butter ausgestrichene feuerfeste Form legen.

Die Schinkenrollen mit der Béchamelsauce übergießen, den Rest der Butter in Flocken darübergeben und das Gericht im vorgeheizten Rohr bei ca. 220 Grad 20 Minuten gratinieren.

Gemüsesauce

50 g Kartoffeln
50 g Sellerieknolle (oder junge Petersilienwurzel)
20 g Butter
10 g Zwiebel, Schalotten oder Lauch
250 g Gemüsebrühe
Meersalz
geriebene Muskatnuß
eventuell 1 EL saure Sahne

Kartoffeln und Sellerie (Petersilienwurzel) in $^1/_2$ cm kleine Stücke schneiden. Butter in eine Kasserolle geben, Zwiebel, Lauch oder Schalotten darin glasig dünsten. Die Gemüsewürfelchen zugeben, ebenfalls kurz anschwitzen und mit Gemüsebrühe aufgießen. Zugedeckt zehn Minuten köcheln lassen.

Danach das Ganze zusammen mit Salz, frisch geriebener Muskatnuß und eventuell saurer Sahne zu einer feinen Sauce mixen. Beliebige fein gehackte Kräuter untermischen.

Diese köstliche Sauce kann nun neben den angerichteten Kräuterreis gegossen werden.

Die Blätter schmecken ausgezeichnet, sind aber mit Vorsicht zu genießen:

Sauerampfer – Würziges von der Wiese

Botanischer Name: **Sauerampfer**

Lat.: Rumex acetosa

Volksnamen:
In Deutschland: Großer Ampfer, Sauerknöterich, Sauergras

In Österreich: Säuerling, Sauerstingel, Salatampfer

In der Schweiz: Sauerhampf, Läuskraut, Amper, Süerling, Sauerblätter, Sauerstengel

Botanische Merkmale: Die ausdauernde zweihäusige Pflanze, die bis zu 80 cm hoch werden kann, entspringt einem braunschwarzen Wurzelstock. Der Stengel ist aufrecht, kantig, hohl, im unteren Teil rot, nach oben hin grün werdend. Die pfeilförmigen, im unteren Teil der Pflanze langgestielten Blätter schmecken unverwechselbar sauer. Sauerampfer blüht zweimal im Jahr, im Mai und im August. Die Blüten sind unscheinbar grün, etwas rot überlaufen.

Standort: Der Sauerampfer ist ein typisches Wiesenunkraut und bei den Landwirten unbeliebt, weil es beim Vieh Verdauungsstörungen auslösen kann. Der Ampfer liebt Feuchtigkeit, wächst daher auf feuchten, stickstoffreichen Wiesen, an Grabenrändern und Bachufern fast in ganz Europa bis 2000 Meter Höhe.

Verwendung in der Küche: Wer hat nicht schon als Kind davon genascht? Sauerampfer wird von alters her gern verwendet und ist im Frühling massenhaft zu beschaffen. In Frankreich ist er so beliebt, daß er in Gärtnereien gezogen und auf den Märkten angeboten wird. Verwendet werden die jungen Blätter, Stengel und Triebe zwischen April/Mai bis in den Hochsommer hinein. Eine Delikatesse für Saucen und Salate.

Gesundheitlicher Aspekt: In der Volksheilkunde wird Sauerampfer, roh genossen, ein günstiger Einfluß auf die Verdauung, zur Blutreinigung, bei Frühlingskuren und gegen Vitamin-C-Mangel zugeschrieben. Er wird auch getrocknet als Tee verwendet.

Jedoch Vorsicht! Vor übermäßigem Genuß der rohen Blätter muß gewarnt werden, denn sie enthalten viel Oxalsäure. Menschen, die an Rheuma, Gicht oder Steinerkrankungen leiden, sollten Sauerampfer überhaupt meiden. In geringen Mengen genossen, ist er harmlos.

Kalte Ampfersauce zum Tafelspitz

Dies ist eine alte, aber weitgehend in Vergessenheit geratene Wiener Spezialität: Eine mit Sauerampfer zubereitete kalte Sauce schmeckt hervorragend zu Tafelspitz, anderem gekochten Rindfleisch, zu gegrilltem Fleisch und zum Fleischfondue.

Etwa 50 g Sauerampferblätter und junge Triebe
100 g entrindetes Weißbrot
(oder entrindete Semmeln)
3 hart gekochte Eigelb
eventuell fertige Mayonnaise
oder 2 rohe Eigelb
und $^{1}/_{4}$ l Öl
1 TL Zitronensaft
1 TL Essig
Zucker
Salz

Das Weißbrot in Wasser einweichen, dann gut ausdrücken. Die Sauerampferblätter ganz fein hacken. Die hart gekochten Eigelbe werden nun zerdrückt, mit dem Weißbrot gut verrührt, durch ein Sieb gestrichen und mit dem Sauerampfer vermengt. In diese Masse kann nun fertige Mayonnaise eingerührt werden, oder, besser: Die zwei rohen Eigelbe hinzufügen, das Öl tropfenweise beigeben und wie zu einer Mayonnaise aufrühren. Die Sauce mit Zucker, Salz und Zitronensaft abschmecken, eventuell mit dem gewässerten Essig bis zur gewünschten Konsistenz verdünnen. Obenauf zur Garnierung ein wenig fein gehackten Sauerampfer oder ein ganzes Blatt legen.

Sauerampfer-Mayonnaise

3 EL Sauerampferblätter
1 EL Melde- oder Spinatblätter
2 EL Schlagsahne
200 g Mayonnaise
Zucker
Salz
Pfeffer
etwas Zitronensaft

Die ganz fein gehackten Kräuter werden mit Sahne übergossen, mit einem Löffel in einer Schüssel gut durchgedrückt oder, noch besser, in einem Mörser zerstoßen. Mit der Mayonnaise verrührt, mit Zucker, Salz, Pfeffer und Zitrone abgeschmeckt, ergibt dies eine pikante Sauce, die ausgezeichnet zu gekochtem oder gegrilltem Fleisch schmeckt. Mit saurer Sahne oder mit Joghurt verdünnt, eignet sich Sauerampfer-Mayonnaise als Marinade für grünen Salat.

Warme Sauerampfersauce

(siehe Foto Seite 255)

5 junge Sauerampferstengel
1 mittelgroße Zwiebel
40 g Butter
40 g Mehl
$^1/_2$ l Knochenbrühe

FÜR DEN ZWEITEN ARBEITSGANG:

20 g Sauerampferblätter
10 g Butter
$^1/_8$ l Schlagsahne
1 Eigelb
1 TL Essig
Salz
Zucker

Zwiebel und Sauerampferstengel, beides fein gehackt, in aufgeschäumter Butter andünsten, das Mehl hinzufügen, kurz durchrösten, dann mit kalter Brühe aufgießen und etwa zehn Minuten auf kleiner Flamme köcheln lassen.

Jetzt werden die Sauerampferblätter ganz fein gehackt, in 10 g Butter kurz gedünstet und mit gewässertem Essig abgelöscht. Nach kurzem Kochen passieren Sie die Ampfer-Zwiebel-Sauce zu den gedünsteten Blättern. Dann wird die Sauce mit Salz und Zucker abgeschmeckt, vom Herd genommen, mit Sahne und Eigelb legiert.

Sauerampfergemüse

Für 6 Personen:

600 g Sauerampferblätter
1 Kopf Salat (aus dem Freiland)
60 g durchwachsener Speck
(geräuchert oder roh)
2 große Zwiebeln
4 Knoblauchzehen
Salz
Pfeffer
4 Eier
3 EL Schlagsahne
1 Semmel (in Milch eingeweicht)

Den Speck klein würfeln und in einem weiten Topf anbraten, die klein gehackte Zwiebel hinzufügen und goldgelb andünsten. Sauerampferblätter und Salat in Streifen schneiden oder grob hacken, den Knoblauch zerdrücken. Alles zusammen in den Topf geben, salzen, mit Pfeffer würzen und zugedeckt bei schwacher Hitze etwa eineinhalb Stunden garen.

Vor dem Servieren die vier Eier mit der Sahne und der eingeweichten Semmel verquirlen und unter das Gemüse mischen. Gut zu Fleischspeisen oder auch zusammen mit knusprig gebratenem Rohschinken.

Sauerampfercreme

Für 4–6 Personen:

400 g Sauerampferblätter
100 g Butter
40 g Semmelbrösel (Paniermehl)
2 EL saure Sahne
2 Eigelb
4 EL Schlagsahne
Salz

Die Sauerampferblätter in leicht gesalzenem Wasser zehn Minuten kochen, abtropfen lassen und fein hacken.

Die Semmelbrösel in Butter goldgelb rösten, Sauerampferblätter zufügen und durchrühren. Unter ständigem Umrühren die saure Sahne dazugeben und die Sauce drei bis vier Minuten leicht kochen lassen, zuletzt salzen, mit Sahne und Eigelb legieren. Diese rasch zubereitete Ampfercreme ist eine pikante Beigabe zu Fisch- und Fleischgerichten.

Sauerampfer-Kartoffelsalat

Eine Handvoll geputzter Sauerampferblätter mit heißem Wasser überbrühen und sofort kalt abbrausen. Abtropfen lassen, grob hacken und unter den Kartoffelsalat mischen, den Sie nach gewohnter Art zubereitet haben, mit oder ohne Zwiebel, ganz nach Belieben. Es sieht nett aus, wenn man einige ganze Sauerampferblätter zum Garnieren des angerichteten Salates verwendet.

Ein hervorragendes Wildgemüse –
Blätter, Stiele und Wurzeln sind eßbar:

An der Klette bleiben Sie »hängen«

Botanischer Name: **Große Klette**

Lat.: Arctium lappa

Volksnamen:
In Deutschland: Bolstern, Haarballe, Kladdebusch, Klusen

In Österreich: Klebern, Kirmsen, Klibusch

In der Schweiz: Klette, Chlätte

Botanische Merkmale: 70 Zentimeter bis 2 Meter hoch, mit kräftigem markgefüllten Stengel. Die Blätter sind groß, herzförmig und gestielt, an der Oberseite grün, unten weißgrau und filzig. Zwischen Juli und September erscheinen die in lockeren Scheindolden angeordneten rosa bis purpurroten Blüten, aus denen sich später die bei Kindern als Wurfgeschosse beliebten Kletten entwickeln. Die Pflanze ist zweijährig und trägt erst im zweiten Jahr Blüten. Die Wurzel ist lang und spindelförmig.

Standort: Auf Schuttplätzen, Waldschlägen und an Waldrändern, in Mittel- und Südeuropa bis 1800 Meter Seehöhe.

Verwendung in der Küche: Einmal gekostet, werden Sie gewiß an der Klette »hängenbleiben«: Die jungen Blätter sind eßbar, ebenso die Wurzeln. Das Beste aber ist das Mark der

Stiele, wenngleich diese mühsam zu schälen sind. Doch die Arbeit lohnt sich.

Die Blätter werden im ersten Lebensjahr der Pflanze geerntet, oder auch noch im zweiten Jahr, bevor die Blüten erscheinen. Sie schmecken etwas herb, können aber wie Spinat verwendet werden, auch gemischt mit Brennesseln, Melde und anderen spinatähnlichen Pflanzen.

Die Stiele werden in die Küche geholt, sobald sich im Juni – in höheren Lagen auch im Juli – die Blütenköpfe zu bilden beginnen. Die Rinde der Stiele schmeckt sehr bitter und muß deshalb aufs sorgfältigste entfernt werden. Was dann zum Vorschein kommt, ist eine Delikatesse: das Mark, im oberen Teil der Pflanze grün, nach unten hin fast weiß werdend. Es schmeckt mild, nußartig und ist ein exzellentes Gemüse, mit dem beispielsweise tiefgekühltes Mischgemüse geschmacklich verfeinert werden kann. Für den Fall, daß die Stielrinde beim Putzen nicht ganz entfernt werden konnte, empfiehlt es sich, dem Kochwasser eine Prise Speisesoda (Natron) beizugeben. Dies nimmt die Bitterkeit und verkürzt die Kochzeit.

Die Wurzel der großen Klette erinnert im Geschmack an die beliebte Schwarzwurzel. Sie ist wegen des meist steinigen Standortes der Pflanze zwar schwer auszustechen, doch der Lohn für die Mühe ist ein schmackhaftes Gemüse. Im rohen Zustand riechen die Wurzeln ziemlich scharf, doch der Geruch verliert sich beim Kochen. Die dickrindige Wurzelschale ist bitter, läßt sich aber leichter entfernen als die der Stiele. Beim Kochen sollte ebenfalls ein wenig Speisesoda verwendet werden. Sammelzeit der Wurzeln ist der Oktober und November im zweiten Lebensjahr der Pflanze.

Gesundheitlicher Aspekt: Seit dem Altertum werden der Großen Klette gute medizinische Eigenschaften nachgesagt. Die Blätter besitzen keimtötende Wirkung und wurden zerquetscht als Umschlag auf Wunden gelegt.

Klettengemüse in jeder Form ist besonders schonend für Magen, Leber und Galle. Der hohe Gehalt an Inulin (nicht Insulin!) in der Wurzel ist für Zuckerkranke bedeutsam, weil dieser Stoff den Zuckerstoffwechsel des Körpers nicht belastet.

Gedünstetes Klettenmark

Für 4 Personen:

200 g Mark der Klettenstiele
1 Prise Natron
50 g Butter
$^{1}/_{16}$ l Gemüsebrühe
$^{1}/_{16}$ l Schlagsahne
Salz
Muskat

Die Klettenstiele sorgfältig schälen, das Mark in kleine Stücke schneiden und in Wasser, dem eine Prise Natron beigefügt wurde, 20 Minuten lang kochen. Nun gibt es zwei Möglichkeiten zur weiteren Verwendung:

1. In einer Kasserolle 50 g Butter schmelzen, die gekochten Markstücke dazugeben und einige Male wenden. $^{1}/_{8}$ l Wasser zugießen, salzen, mit Muskat und eventuell Pfeffer würzen und halb zugedeckt 10 Minuten dünsten. Das Gemüse kann natur als Beilage zu Fleischgerichten serviert werden, schmeckt aber auch hervorragend mit gekochtem Naturreis vermischt.

2. Die gekochten Markstücke, wie vorher beschrieben, in der Butter anlaufen lassen und wenden, dann mit der Mischung aus Gemüsebrühe und Sahne aufgießen, salzen, mit Muskat würzen und halb zugedeckt eindampfen, bis die Markstücke sämig gebunden sind. Dieses Gemüse kann man ebenfalls mit körnig gekochtem Reis mischen oder als Beilage zu gebratenem Fleisch reichen.

Klettenmark im Schinken-Reisring

Bei diesem Rezept richten sich die Mengen nach der Größe der im Haushalt verfügbaren Ringform für den Reis.

Gedünsteter oder gekochter Naturreis wird mit gewürfeltem Schinken und etwas Klettenmark vermischt, das nach der oben beschriebenen ersten Version gedünstet wurde – sofern man soviel hat! Ansonsten mit saurer Sahne binden. In die mit Butter gut ausgestrichene Ringform füllt man diese Reismischung bis zum Rand und drückt sie fest. Die Form wird für zehn Minuten im Wasserbad oder über Dampf gewärmt und dann auf eine Platte gestürzt. In die Mitte des Reissockels füllt man Klettenmark-Gemüse, dessen Zubereitung im vorhergehenden Rezept als zweite Möglichkeit beschrieben wurde.

Tomaten mit Klettenblättern gefüllt

Für 4 Personen:

4 Tomaten, reif aber fest
150 g ganz junge Klettenblätter
1 mittelgroße Zwiebel
1 Knoblauchzehe
2 EL Butter
1 EL Schlagsahne
Salz
Pfeffer
Oregano
Zucker

Die Tomaten waschen und trocknen. Die Kappe abschneiden und das Innere mit einem Teelöffel aushöhlen. Innen etwas zuckern und salzen. Die Klettenblätter entstielen, gründlich waschen, grob schneiden und drei Minuten blanchieren. Dann in einem Sieb gut abtropfen lassen.

Die fein gehackte Zwiebel und den zerdrückten Knoblauch in der Butter hellgelb andünsten. Die blanchierten Klettenblätter und die Sahne dazugeben, das Ganze mit Salz, Pfeffer und einer Spur Oregano würzen und kurz einkochen.

Die vorbereiteten Tomaten werden mit dieser Masse gefüllt, in eine gebutterte Form gestellt und im Rohr 10 bis 15 Minuten bei 220 Grad gebacken.

Klettenwurzeln in Cremesauce

Eine überaus originelle warme Vorspeise für einen festlichen Abend.

Für 4 Personen:

250–300 g Klettenwurzeln
20 g Butter

FÜR DIE SAUCE:

2 kleine Zwiebeln (oder 4 Schalotten)
4 Gewürznelken
$^1/_4$ l Milch
4–5 Petersilienstengel (oder Blätter vom Giersch)
$^1/_8$ l Schlagsahne
60 g Butter
30 g Mehl
Salz
weißer Pfeffer

Die Klettenwurzeln schälen und mit einem scharfen Messer in Kreuzform etwas einschneiden. 20 Minuten im Wasser mit einer Prise Natron kochen. Das Wasser abgießen, die Klettenwurzeln abtropfen lassen und in 20 g Butter schwenken, mit etwas Wasser aufgießen und 10 Minuten köcheln, bis das Wasser verkocht ist.

Für die Sauce die kleinen Zwiebeln (oder Schalotten) mit Gewürznelken spicken, in der Milch zusammen mit etwas Salz und den Petersilienstengeln (Gierschblättern) kochen. Die Zwiebeln abseihen, Stengel oder Blätter wegwerfen, die Milch abkühlen und mit $^1/_8$ l Sahne mischen.

Aus 30 g Butter und dem Mehl unter fleißigem Rühren eine ganz helle Mehlschwitze bereiten, mit der Milch-Sahne-Mischung aufgießen, verrühren und gut einkochen. Mit Salz und weißem Pfeffer würzen. Zuletzt die Klettenwurzeln dazugeben, kurz aufkochen und mit 30 g frischer Butter verrühren. Zu dieser Vorspeise wird Weißbrot oder Toast serviert.

Die Mühe, die das Schälen der Klettenstiele bereitet, lohnt in reichem Maße nicht nur deshalb, weil das Mark der Klette so vorzüglich schmeckt, sondern weil es höchstwahrscheinlich in keinem, auch nicht im nobelsten Restaurant serviert wird.

Würde es das Klettenmark auf dem Markt geben, so wäre es durch einen sicherlich überhohen Preis kaum erschwinglich. Nur ganz besonders gute Freunde, die auch wirkliche Feinschmecker sind, sollte man zu dieser Köstlichkeit einladen. Versuchen Sie es einmal: Sie werden bestimmt in das Loblied auf die Klette mit einstimmen.

Die jungen Pflanzen schmecken ähnlich wie Artischocken:

Disteln, stachelig, aber gut

Botanischer Name: **Eselsdistel**

Lat.: Anopordon acanthium oder Acanos spina

Volksnamen:
In Deutschland: Große Distel, Pudelhund

In Österreich: Krebsdistel, faule Knechte

In der Schweiz: Eselsdischtle

Botanische Merkmale: Es ist dies die größte bei uns vorkommende Distel. Sie wird bis zirka 2 Meter hoch, ist zweijährig und hat eine spindelförmige Wurzel. Die grau-filzigen Blätter sind sehr groß und mit zahlreichen Dornen besetzt. Im Juli und August erscheinen die großen roten und ebenfalls stacheligen Blüten.

Standort: In ganz Europa an Wegrändern, auf Ödland und Schutthalden bis hinauf ins Hochgebirge. Da sich die Eselsdistel auf gut gedüngten Ackerböden massenhaft vermehrt, gilt sie bei Landwirten als sehr lästiges Unkraut.

Verwendung in der Küche: Die Sprossen und Blätter der Eselsdistel werden vor der Blüte gesammelt und mit einem scharfen Messer oder einer Schere von den Stacheln befreit. Sie schmecken leicht süßlich, angenehm mild, ähnlich wie Artischocken. Auch die anderen großen heimischen Distelarten sind als ganz junge Pflanzen verwendbar.

Als »Jägerbrot« werden in vielen Gegenden, vor allem von den Kindern, die Blütenböden roh gegessen. Sie sehen tatsächlich wie kleine Artischockenböden aus. Das Entfernen der Stacheln ist jedoch so mühselig, daß es Stunden brauchen würde, um eine entsprechende Anzahl für die Küche zu sammeln. Deshalb, und um die Vermehrung nicht zu gefährden, haben wir Distelböden in der Rezeptsammlung nicht berücksichtigt.

Gesundheitlicher Aspekt: Die Eselsdistel wurde im Altertum und im Mittelalter als Heilpflanze geschätzt und von Ärzten empfohlen. Das Wissen darüber geriet in der Neuzeit in Vergessenheit, und bisher hat sich noch niemand die Mühe genommen, die Wirkstoffe zu erforschen und zu erproben. Die Blätter dürften verschiedene Alkaloide enthalten, der Blütenboden dürfte inulinhaltig sein. In der Volksheilkunde wird Distelsaft oder Disteltee gegen Husten und Gallenleiden verwendet.

Gemüseallerlei mit Disteln

Für 6–8 Personen:

400 g Sprossen und Blätter der Eselsdistel
400 g Wurzelgemüse
(Tiefkühlgemüse ist gut geeignet)
$^1/_2$ Stange Lauch
$^1/_4$ l Knochen- oder Gemüsebrühe
60 g Butter (oder Öl)
Salz
Pfeffer

Die sorgfältig von den Stacheln befreiten Distelblätter werden grob geschnitten, Möhren (Karotten), Sellerie, gelbe Rüben und Petersilienwurzeln geputzt und fein-würfelig geschnitten (falls Tiefkühlgemüse verwendet wird, dieses langsam auftauen). Den Lauch in $^1/_2$ cm dicke Ringe schneiden. Die Butter in einer Kasserolle aufschäumen, den Lauch kurz anlaufen lassen. Das Wurzelgemüse und die Distelblätter dazugeben, bei starker Hitze einige Male umrühren und nach ein paar Minuten mit Brühe oder Gemüsebrühe aufgießen. Zugedeckt dünsten, bis die Distelblätter und das Gemüse weich sind.

Mit wilden Würzkräutern oder Petersilie bestreut, schmeckt dieses Gemüseallerlei gut zu Fleischgerichten.

Distelgemüse mit Kartoffeln

Für 4 Personen:

400 g junge Distelblätter
600 g Kartoffeln
1 mittelgroße Zwiebel (oder Lauch)
60 g Butter oder Öl
2 EL Mehl
$^{3}/_{8}$ l Fleisch- oder Knochenbrühe
Salz
Pfeffer
1 Prise Thymian oder Majoran

Wie schon oben erwähnt, die Stacheln der Distelblätter sorgfältig entfernen; die Kartoffeln schälen, in ganz kleine Würfel schneiden, die Zwiebel fein hacken (auch Lauch kann verwendet werden).

Zwiebel (oder Lauch) in der Butter goldgelb anrösten, die Kartoffelwürfel und Distelblätter zugeben und nach einigen Minuten mit dem Mehl stauben. Unter ständigem Rühren mit der Fleischbrühe aufgießen, mit Salz, Pfeffer, Thymian oder Majoran würzen; das Ganze zugedeckt weich dünsten.

Auch dieses Gemüse eignet sich gut als Beilage zu Fleischspeisen oder gebratenen Würsten.

Distelsuppe

Für 4–6 Personen:

200 g Distelblätter
40 g Butter
40 g Mehl
1 1/4 l Knochenbrühe
4 EL Schlagsahne
1 Eigelb
Salz
Pfeffer

Es ist dies eine jener ausgezeichneten »grünen Suppen«, die, wenngleich immer in feinen Nuancen, aus den verschiedensten Unkräutern hergestellt werden können.

Die Distelblätter (in diesem Fall sollten es ganz junge sein) in Salzwasser weich kochen, bis man sie zwischen zwei Fingern zerdrücken kann. Dann abseihen, durch ein Sieb passieren oder im Mixer pürieren. Den Kochsud aufbewahren.

Aus Butter und Mehl eine helle Mehlschwitze bereiten und mit dem inzwischen abgekühlten Kochsud der Blätter ablöschen (nur wenig, damit die Suppe nicht zu dünn wird). Die passierten Distelblätter einrühren, die Knochenbrühe zugießen und alles 10 Minuten köcheln lassen. Dann mit Salz und frisch gemahlenem Pfeffer abschmecken.
In einer Tasse das Eigelb mit der Sahne verquirlen und damit die vom Herd genommene Brühe legieren.

Als Brüheneinlage eignen sich Backerbsen, geröstete Schwarzbrot- oder Semmelwürfel.

Kohlrüben mit Distelblättern gefüllt

Eine sehr gute Vorspeise und eine ebenso gute Beigabe zu Fleischgerichten bei einem festlichen Menü.

Für 4 Personen:

4 große Kohlrüben
200 g Distelblätter
100 g *Hackfleisch, halb vom Schwein, halb vom Rind*
30 g Butter (oder Öl)
1 mittelgroße Zwiebel
1 Semmel (oder 3 Weißbrotscheiben)
Salz
Pfeffer
Majoran (oder Oregano)
Knochenbrühe

Von den geschälten Kohlrüben an der Oberseite eine Kappe als Deckel abschneiden. Die Kohlrüben so aushöhlen, daß nur noch eine dünne Wand bleibt. Die Stücke aus dem Inneren fein hacken, dann die sorgfältig geputzten Distelblätter klein schneiden. Die Distelblätter und die Kohlrübenstückchen werden in heißer Butter oder Öl angeröstet, gesalzen, mit Pfeffer und einer Prise Majoran gewürzt (auch Quendel, Dost und andere wilde Kräuter sind als Würze geeignet). Sind die Kohlrüben etwas älter und zu fest, muß man sie in wenig Wasser oder Knochenbrühe vordünsten, dann abkühlen lassen.

Das Hackfleisch in eine Schüssel geben, mit der gut eingeweichten und ausgedrückten Semmel (Weißbrotscheiben), dem Ei und der etwas abgekühlten Mischung aus Distelblättern und Kohlrüben vermischen und zu einer geschmeidigen Fülle verarbeiten.

Jetzt werden die ausgehöhlten Kohlrüben mit dieser Masse gefüllt und die Deckel aufgesetzt. Die Kohlrüben in einen weiten Topf oder eine Auflaufform setzen, etwa 2 cm hoch mit Brühe aufgießen und zugedeckt bei kleiner Hitze weich kochen. Eventuell etwas Knochenbrühe nachgießen.

Die gefüllten Kohlrüben aus dem Kochgefäß heben und warm stellen. Den Saft entweder einkochen lassen oder mit ein wenig Mehl, Mehlschwitze oder Speisestärke andicken. Mit dieser Sauce die Kohlrüben überziehen, mit gehackter Petersilie (besser noch gehacktem Giersch) bestreuen und servieren.

Bleibt von der Füllmasse etwas übrig, kann man daraus kleine Laibchen formen, diese beidseitig in Paniermehl wenden und in heißem Öl goldbraun backen.

Die wilden Verwandten einer längst vergessenen Kulturpflanze:

Melde und Guter Heinrich – Gemüse von der Schutthalde

Botanischer Name: **Weiße Melde oder Weißer Gänsefuß**

Lat.: Chenopodium album

Volksnamen:
In Deutschland: Weiße Melde, Mehlkraut, Wilder Spinat, Molkenkraut

In Österreich: Möln, Mölten, Ganslkraut

In der Schweiz: Mell, Muldakraut, Säumelde, Schissmell, Hundsschiß

Botanische Merkmale: Die Melde ist sehr vielgestaltig. Sie kann 10 Zentimeter bis eineinhalb Meter hoch werden. In der Jugend ist die ganze Pflanze blaugrün, später hellgrün. Die Blätter sind eiförmig oder spitz lanzettlich, oft leicht gezähnt. Sie sehen aus, als wären sie beidseitig mit Mehl bestäubt. Die Verwechslung mit anderen Meldearten ist bedeutungslos, weil diese ebenfalls verwendbar sind. Mit einer Ausnahme: dem »Stinkenden Gänsefuß« (lat. Chenopodium vulvaria), der intensiv und widerlich nach Hering riecht.

Die Blüten sind Scheinähren aus kleinen Knöpfchen, was viele an ihre Kinderzeit erinnern wird: Spaßeshalber haben wir die bröselnden Blütenstände, die übrigens von Vögeln als Futter sehr geliebt werden, mit den Fingern abgerebelt.

Standort: Auf Schuttplätzen, Äckern, Brachland, an Wegen und Zäunen in ganz Europa, sehr oft in Massen.

Verwendung in der Küche: Alle verwertbaren Meldearten sind, wenn man die Blätter zerreibt, entweder geruchlos oder schwach würzig und leicht zu erkennen. Sie sind mit einem uralten Gemüse verwandt, der Gartenmelde, die vermutlich schon in der Jungsteinzeit angebaut wurde.

Im Frühling kann die ganze Pflanze ähnlich wie Spinat verwendet werden, später sammeln wir die jungen Zweigspitzen und die Blätter bis zum ersten Herbstfrost. Wegen ihrer Häufigkeit und vielseitigen Verwendbarkeit zählt die Melde zu den wichtigsten Wildgemüsepflanzen.

Gesundheitlicher Aspekt: Die weiße Melde enthält Vitamin C und Mineralstoffe. Sie gilt nicht als heilkräftig, sondern nur als leicht verdauungsfördernd und ist deshalb von allgemein gesundheitlichem Wert.

Botanischer Name: **Guter Heinrich**

Lat.: Chenopodium bonus-henricus

Volksnamen:
In Deutschland: Wilder Spinat, Stolzer Heinrich, Gänsekraut

In Österreich: Wildspinat, Ganslkraut, Hundsmöln, Hundsmilten, Schmerbel

In der Schweiz: Wilder Heinrich, Heirichrut, Wilder Burket, Wilda Heiri, Heinele-Chrut

Botanische Merkmale: Die ausdauernde und mit der Melde verwandte Pflanze wird bis 60 cm hoch. Der Stengel ist kahl und grün, braun bis rötlich gerieft. Die gestielten Blätter sind groß, fleischig, saftiggrün, dreieckig und zugespitzt, sie ähneln einem Gänsetritt, was sich wohl auch im Volksnamen niederschlägt. Die jungen Blätter sind an der Unterseite etwas mehlig und klebrig. Die unscheinbaren Blüten, zwischen Mai und August, sind zartgrün bis rosa, sehr klein und stehen an langen, ährenartigen Rispen.

Standort: Überall in der Nähe menschlicher Siedlungen, doch nur in Mitteleuropa bis in 3000 Meter Höhe. Häufig auf Schutthalden und in der Nähe von Almhütten.

Verwendung in der Küche und gesundheitlicher Aspekt: wie bei der Melde.

Meldeauflauf

Für 4 Personen:

300 bis 400 g Melde und/oder Guter Heinrich
$^1/_2$ Bund Petersilie
60 g Butter
200 g Weißbrot (oder Semmelwürfel)
2 Eigelb
2 Eiklar
$^1/_8$ l Milch
eine Prise Muskatnuß
Salz
Pfeffer
saure Sahne

Die gut gewaschenen Blätter der Melde abtropfen lassen, in 20 g Butter andünsten, mit der Milch aufgießen, weich kochen und abseihen. Das gewürfelte Weißbrot (oder Semmeln) mit dem Meldesaft übergießen und ziehen lassen. Die gekochten Blätter fein hacken, Eigelb mit Butter verrühren. Aus diesen Zutaten wird nun eine Auflaufmasse in folgenden Arbeitsgängen zubereitet: Die Eigelb-Butter-Mischung mit den Semmelwürfeln und der Melde vermengen, mit Muskatnuß und Pfeffer würzen und salzen. Die zwei Eiklar zu steifem Schnee schlagen und vorsichtig unterziehen. Diese Masse wird in einer gut gefetteten Auflaufform im vorgeheizten Backrohr eine halbe Stunde bei 200 Grad gebacken. Obenauf kommen saurer Rahm und Petersilie.

Kräuterspätzle/ Kräuternockerl

Das ist ein Gericht, ähnlich den »Spinatnockerln mit Ei«, nur wird es mit würzigen »Unkräutern« zubereitet.

Für 4 Personen:

3 EL fein gehackte Melde und/oder
Guter Heinrich
1 EL Geißfuß (Giersch)
1 EL Petersilie
60 g Butter

FÜR DEN NOCKERLTEIG:

300 g Mehl
2 Eier
1/8 l Milch
Salz
4 Eier

Die gewaschenen und fein gehackten Kräuter werden in 20 g Butter weich gedünstet und zum Abkühlen beiseite gestellt. Für die Nockerl/Spätzle das Mehl, die Eier und die Milch in einer Schüssel zu einem nicht zu festen Teig rühren, salzen und die abgekühlten Kräuter dazugeben.

Jetzt mit zwei Teelöffeln, die ständig naß gemacht werden, Spätzle/Nockerl ausstechen, in Salzwasser fünf bis sechs Minuten garen, abseihen, mit kaltem Wasser abschrecken und abtropfen lassen. In einer Pfanne die restliche Butter erhitzen, die Spätzle/Nockerl darin schwenken oder nach Geschmack anrösten. Zuletzt die vier verquirlten Eier wie bei »normalen« Spätzle/Eiernockerln darübergießen und stocken lassen.

Kräuter-Kartoffelroulade

Für 4–6 Personen:

FÜR DIE FÜLLE:

200 g junge Blätter vom Guten Heinrich
oder der Melde
2 EL Öl
150 g Räucherspeck
1 mittelgroße Zwiebel
20 g Mehl
$^1/_{16}$ l Gemüse- oder Knochenbrühe
3 EL gehackter Geißfuß (oder Petersilie)
1 Knoblauchzehe
Salz, Pfeffer

FÜR DEN KARTOFFELTEIG:

1 kg Kartoffeln
200 g Mehl
Salz, Pfeffer
1–2 Eier

Zunächst einen *Kartoffelteig* herstellen. Dafür die geschälten, in Stücke geschnittenen Kartoffeln ca. 20 Minuten garen. Abdämpfen und auskühlen lassen. In eine Schüssel pressen, mit Mehl und Ei(ern) zu einem Teig verkneten, mit Salz und Pfeffer würzen.

Die gewaschenen und abgetropften Blätter des Guten Heinrich (oder der Melde) in kochendem, leicht gesalzenem Wasser blanchieren, abseihen, durch ein Sieb streichen oder im Mixer pürieren.

In einer Kasserolle das Öl erhitzen, den gewürfelten Räucherspeck glasig anbraten, mit einem Sieblöffel herausheben und beiseite stellen. In dem Fett die fein gehackte Zwiebel goldgelb anrösten, mit Mehl stauben, kurz durchrösten, mit der Gemüse- oder Knochenbrühe aufgießen, mit Salz und Knoblauch würzen, kurz aufkochen und zusammen mit dem pürierten Gemüse eindicken.

Der vorbereitete Kartoffelteig wird auf einem gut bemehlten Brett fingerdick ausgewalzt und mit der inzwischen abgekühlten Füllmasse bestrichen. Obenauf kommen die Speckwürfel und die fein gehackte Petersilie. Jetzt wird der Teig zu einer Roulade gerollt, an den Enden verknetet, auf eine gebutterte Serviette gelegt und darin eingerollt. Die Enden der Serviette bindet man mit festem Garn ab.

Die *Kräuterroulade* wird etwa 30 Minuten in Salzwasser gekocht, aus der Serviette gewickelt, in fingerdicke Portionsscheiben geschnitten und mit brauner Butter übergossen serviert. Eine Delikatesse auch zu Fleischspeisen.

Jeder kennt die schönen Blüten, doch nur wenige wissen, daß man die Blätter essen kann:

Knöterich - besser als viele Gartengemüse

Botanischer Name: **Wiesenknöterich**

Lat.: Polygonum bistorta

Volksnamen:
In Deutschland: Schlangenknöterich, Schlangenwurz, Natterwurz

In Österreich: Schafszunge, Lämmerzunge, Schluche, Wiesenfuchsschwanz

In der Schweiz: Schlangenknöterich, Natternknöterich, Otternwurz, Lämmerschwanz

Botanische Merkmale: Eine ausdauernde Pflanze, charakteristisch für Feuchtwiesen, 30 Zentimeter bis 1 Meter hoch. Aus einem gewundenen Wurzelstock (deshalb auch der Name Schlangenknöterich) erscheinen große Grundblätter, die oben dunkelgrün, an der Unterseite bläulich grün sind. Der Blattstiel ist dreikantig, an ihm sitzen mit stengelumfassender Scheide lanzettliche Blätter, am unteren Teil der Pflanze sehr groß, nach oben hin kleiner werdend. Der große, walzenförmige Blütenstand, meist hellrosa, manchmal dunkelrosa, erscheint zwischen Mai und Juli. Die Samen, kleine Nüßchen, sind dreikantig, braun und glatt.

Standort: In ganz Europa, außer im Mittelmeerraum, auf feuchten Wiesen und an Bachufern bis in etwa 2400 Meter Seehöhe.

Verwendung in der Küche: Wiesenknöterich ist ein ganz vorzügliches Wildgemüse, das durch seinen milden, angenehmen Geschmack so manches Blattgemüse aus dem Garten übertrifft. Die ganz leicht säuerlich schmeckenden Blätter und Triebspitzen, im Mai vor der Blüte geerntet, können wie Spinat verwendet werden oder auch gemischt mit Brennesseln, Taubnesseln und anderen mild schmeckenden Pflanzen. Es gibt jedoch auch eine ganze Anzahl von Spezialrezepten, wie die folgende Suppe und die ausgezeichneten Knöterich-Gemüselaibchen beweisen. Bisweilen wird die Pflanze auch in Gärten angebaut.

Gesundheitlicher Aspekt: Die Blätter sind reich an Mineralstoffen. In der Volksmedizin wird aber vor allem der gerbstoffhaltige Wurzelstock gegen Durchfall verwendet. Er soll im Mai die meisten Gerbstoffe enthalten. In der Schweiz aber wird er zumeist im August und September gesammelt, gewaschen, in Scheiben geschnitten und an der Sonne getrocknet.

Knöterich-Gemüselaibchen

Für 4–6 Personen:

300 g frische, junge Knöterichtriebe
20 g frische Gierschblätter
50 g Möhren
50 g weiße Rüben
50 g Petersilienwurzel
1 Zwiebel
1 Semmel
2 Eier
80 g Butter
2–4 EL Paniermehl oder Haferflocken
nach Bedarf
Salz
Pfeffer
Oregano
Öl zum Braten

Die gründlich gewaschenen Blätter von Knöterich und Giersch mit kochendem Wasser übergießen, kurz aufkochen, dann abseihen und abtropfen lassen. Die Blätter klein hacken und beiseite stellen.

Möhren, weiße Rübe und Petersilienwurzel werden ganz fein gerieben, die Zwiebel wird gehackt.

In einer Kasserolle die Butter erhitzen, die Zwiebel darin glasig andünsten, das Wurzelgemüse dazugeben, ebenfalls andünsten, danach die blanchierten und gehackten Kräuterblätter zugeben und etwas einkochen. Diese Masse zum Abmischen in einer Schüssel abkühlen lassen. Unterdessen die Semmel in Wasser oder etwas Milch einweichen und gut ausdrücken. Die Eier mit Salz und Gewürzen verquirlen, zusammen mit der Semmel zum Gemüse geben und gut durchmischen. Ist die Konsistenz der Masse zu dünn, können etwas

Paniermehl oder Haferflocken zugemischt werden. Nach einer halben Stunde Ruhezeit formt man etwa 3 cm dicke Laibchen (Frikadellen), wendet diese in Paniermehl und brät sie auf beiden Seiten goldbraun in Öl oder Fett.

Gut mit Tomatensauce und Reis, der mit gedünsteten Knöterichblättern gemischt wurde.

Geschwenkte Knöterichblätter

Für 2 Personen:

200 g junge Knöterichblätter
20 g Butter
1 kleine Zwiebel (oder noch besser, ein paar Schalotten)
Salz
Muskatnuß

Butter in einer weiten Pfanne schmelzen, die fein gehackte Zwiebel (oder Schalotten) darin kurz andünsten. Bevor sie gelb wird, die gut abgetropften Knöterichblätter dazugeben und halb zugedeckt 3–4 Minuten weich dünsten. Mit einer Fleischgabel anrichten.

Dieses ausgezeichnete Wildgemüse paßt gut zu gekochtem Fleisch mit Röstkartoffeln.

Wiesenknöterich-Püree

Ein ausgezeichnetes Wildkräuter-Püree als Beilage zu allen Arten gekochtem Fleisch.

Für 4–6 Personen:

800 g Knöterichblätter und Triebe
20 g Gierschblätter (oder ersatzweise Petersilie)
1 l Wasser
40 g Butter
1 mittelgroße Zwiebel
30 g Mehl
$^{1}/_{8}$ l Milch
1 Knoblauchzehe
Salz
Pfeffer
Prise Zucker

Die Knöterichblätter gründlich waschen, größere Triebe zerzupfen, große Blätter grob schneiden. Die Gierschblätter (ersatzweise Petersilie) fein hacken und beiseite stellen.

Die Knöterichblätter in 1 l leicht gesalzenem Wasser auf großer Flamme zum Kochen bringen, dann zurückschalten und etwa 4 Minuten wallen lassen, abseihen, das Kochwasser aufbewahren. Die Blätter entweder durch ein feines Sieb streichen oder im Mixer pürieren.

Die Zwiebel fein hacken und in der zerlassenen Butter glasig dünsten, das Mehl einstauben, kurz durchrösten und mit dem gehackten Giersch vermengen. Mit der kalten Milch und etwas Kochwasser aufgießen, glattrühren und zu einer dicklichen Sauce einkochen. Diese mit Salz, Pfeffer und dem zerdrückten Knoblauch würzen. Den pürierten Wiesenknöterich zur Sauce geben, kurz durchkochen, notfalls noch einmal abschmecken und heiß – obenauf ein paar Butterflocken, damit sich keine Haut bildet – servieren.

Knöterich-Kartoffelsuppe

Für 4 Personen:

FÜR DIE SUPPE:

300 g Kartoffeln
10 g junge Blätter und Triebe vom Knöterich
1 kleine Zwiebel (oder 1 Stück Lauch, 10 cm lang)
20 g Butter
$1\frac{1}{4}$ l Gemüse- oder Knochenbrühe
Salz

FÜR DIE EINLAGE:

10 g junge Knöterichblätter
20 g Butter
2 EL Schlagsahne
Prise weißer Pfeffer
Prise Thymian (oder Quendel)
einige kleine Knöterichblätter zum Garnieren

Die rohen Kartoffeln schälen und klein würfeln, Zwiebel oder Lauch fein hacken. Ebenso die Knöterichblätter.

Die Butter in einer Kasserolle erhitzen, Zwiebel oder Lauch darin andünsten, die Kartoffelstückchen und die Knöterichblätter hinzufügen, bei starker Hitze einige Male durchrühren, dann mit der Brühe aufgießen. Salzen und etwa 15 Minuten zugedeckt köcheln lassen, bis die Kartoffeln weich sind. Das Ganze durch ein feines Sieb streichen oder im Mixer pürieren.

Für die *Suppeneinlage* die Knöterichblätter grob schneiden und in die stark erhitzte, schäumende Butter rühren, Sahne zugießen und etwas einkochen. Mit weißem Pfeffer und einer Spur Thymian (oder seinem wilden Vetter, Quendel) würzen, und diese Blättermasse mit der Basissuppe vermengen. In Tassen anrichten und mit je einem Knöterichblatt garnieren.

Süßspeisen, Pudding und Säfte aus den vitaminreichen Früchten:

Holunderbeeren, blauer Segen im Herbst

Was wir über die Holunderblüten (Seite 163) gesagt haben, gilt im selben Maß auch für die Beeren, die im Spätsommer und Frühherbst in Massen zu finden sind: die einen lieben sie, den anderen ist das eigenartige Aroma verhaßt; wenngleich es viele gibt, die sich nach einigen Versuchen mit Holunderbeeren anfreunden konnten.

Wir sagten schon, daß bereits die Menschen in prähistorischer Zeit Holunder zu schätzen wußten, daß der Strauch im Mittelalter als heilig galt. Ohne zu wissen warum, erkannten die Menschen früherer Tage den hohen gesundheitlichen Wert von Holunderbeeren. Sie enthalten große Mengen von Vitaminen – mehr Vitamin B_1 als in Getreidekeimlingen, Reiskleie oder Hefe –, vor allem aber das erst vor wenigen Jahren entdeckte Vitamin J, das bei Erkrankungen der Lunge von Bedeutung ist.

In der Küche lassen sich Holunderbeeren auf vielfache und höchst attraktive Weise verwenden. Mit Honig gesüßt, verändert sich der Geschmack erstaunlich stark – die meisten Kenner sagen: zum Besseren.

Mit dem Sammeln müssen wir uns beeilen, denn die Singvögel sind große Konkurrenten: Sie plündern die Holunderdolden bis zur Kahlheit und verschleppen den Samen, die dann im nächsten Frühjahr als lästiges »Unkraut« in Gärten massenhaft aufgehen.

Im Gegensatz zu den Vögeln sind die roh genossenen Beeren dem Menschen nicht bekömmlich. Sie enthalten einen Giftstoff, der Erbrechen sowie Magen- und Darmstörungen auslösen kann. Wieso das so ist, konnte noch nicht ergründet werden.

Darum Vorsicht! Schärfen Sie Ihren Kindern ein, daß sie vom Holunderstrauch nicht naschen dürfen.

Holunderkoch mit Schneenockerln

Österreichische Spezialität

Holunderkoch, auch Holunderröster oder Holundermus genannt, wird in vielen Variationen zubereitet. Oder besser: es wurde zubereitet, denn die Rezepte aus Omas Küche sind den meisten Hausfrauen von heute nicht mehr geläufig. Zu den Holunderbeeren können auch Zwetschgen (Pflaumen), Reneklöden (Ringlotten), Birnen und Äpfel gemischt werden, weil diese zur selben Zeit reifen.

Für 6 Personen:

1 kg Holunderbeeren
$^1/_4$ kg Obst nach Wahl
$^1/_4$ l Wasser
250 g Zucker
2–3 Gewürznelken
ein Stückchen Zimtrinde
ein Stück Zitronenschale
$^1/_8$ l Schlagsahne
Stärkemehl zum Binden
1 Spritzer Rum
1 Prise Salz

Das Wasser mit den Gewürzen und dem Zucker aufkochen; nach und nach die Holunderbeeren und das Obst dazugeben und kochen, bis der Holunder fast weich ist. Je nach Belieben nun mehr oder weniger Stärkemehl, in Sahne verrührt, zum Legieren des Holunderkochs verwenden.

Viele mögen die hartschaligen Holunderkerne stören, obwohl diese der Verdauung in höchstem Maße förderlich sind. In diesem Fall kann das Holunderkoch natürlich auch durch ein großes Sieb gestrichen und dann legiert werden.

Hervorragend zu dieser warmen »Suppe« passen **Schneenockerl**. *Diese* werden so zubereitet:

Steif geschlagener und leicht gezuckerter Eierschnee wird mit einem nassen Eßlöffel zu großen Nockerln geformt, die man in leicht wallender (keinesfalls kochender) Milch zwei bis drei Minuten zugedeckt dämpfen läßt. Wenn sie fest sind, herausheben und abtropfen lassen. Ein paar Nockerl auf jede Portion Holunderkoch setzen.

Holunderbeerpudding

Für 6–8 Personen:

600 g Holunderbeeren
100 g Zucker
$^{1}/_{4}$ l Rotwein
Zimt
Nelken
Zitronenschale
Saft von $^{1}/_{2}$ Zitrone
3 Blätter Gelatine
1 Becher Schlagsahne

Die Holunderbeeren mit Wein, Zucker und den Gewürzen aufkochen, abseihen oder durch ein Sieb streichen. Mit Zitronensaft abschmecken. Die kalt eingeweichten, ausgedrückten Gelatineblätter in dem Saft auflösen, diesen in Schalen füllen und kalt stellen. In diesen Pudding können auch frische Früchte gemischt werden. Obenauf kommt ein großer Klecks geschlagene Sahne, über den man einen TL Holundersaft gießt. – Ein köstliches Dessert für warme Herbsttage!

Holunderkoch mit Nüssen

Für 8–10 Personen:

1,5 kg Holunderbeeren
2 saure Äpfel
10 Pflaumen (Zwetschgen)
$^1/_4$ l Wasser
$^1/_8$ l Rotwein
300 g Zucker
Zimt
Nelken
Zitronenschale
1 Prise Salz
4 gehäufte EL Stärkemehl
$^3/_4$ l Milch
150 g ausgelöste Walnüsse

Die Nüsse werden zwölf Stunden in Wasser eingeweicht, dann kurz abgekocht, um die Gerbsäure in den Häuten zu beseitigen, und schließlich klein gehackt.

Den Zucker im Wasser auflösen und zusammen mit den Gewürzen aufkochen. Nun in der Reihenfolge die Holunderbeeren, die gehackten Nüsse, die Zwetschgen und geschälten Äpfel dazugeben. Alles so lange kochen, bis die Nüsse weich und die Holunderbeeren leicht zerbeißbar sind. Zuletzt den Rotwein hinzufügen. Nach und nach Milch zugießen und das Holunderkoch mit dem in Milch aufgelösten Stärkemehl binden. Holunderkoch wird nach Belieben heiß oder lauwarm serviert.

Holunderbeersauce

Für 4 Personen:

450 g Holunderbeeren
$^1/_2$ l Wasser
50 g Dörrpflaumen
50 g Mehl
50 g Butter
50 g Zucker

Holunder, Zucker und Pflaumen in $^3/_8$ l Wasser aufkochen. Mit Butter und Mehl eine helle Mehlschwitze bereiten, mit $^1/_8$ l Wasser ablöschen, danach die Beeren einrühren, aufkochen und zehn Minuten ziehen lassen. Gut als Beilage zu warmen Mehlspeisen. Wer sich an den harten Kernen der Beeren stößt, wird diese Sauce durch ein Sieb streichen.

Holundersaft

Pro 1 kg Holunderbeeren
1 l Wasser
300 g Zucker

Die Beeren ins kochende Wasser geben und sieden, bis sie alle geplatzt sind. Durch ein feines Sieb oder ein Tuch seihen. Den Saft mit dem Zucker zwölf Minuten kochen und in saubere Flaschen füllen. Diese zubinden oder verkorken. – Ein bei Kindern überaus beliebtes Getränk, das – kühl gelagert – viele Monate haltbar ist.

Holundergelee

Für ca. 6 Gläser:

2 kg Holunderbeeren
$^1/_4$ l Wasser
1 Stück Zimtrinde
2 Nelken
2 Wacholderbeeren
Schale von $^1/_2$ ungespritzten Zitrone
1,4–1,6 kg Gelierzucker

Die Gewürze und die Zitronenschale in einem großen Topf im Wasser aufkochen, dann die Holunderbeeren zufügen und so lange auf großer Flamme erhitzen, bis sie platzen. Nun die Beeren durch ein Tuch seihen.

Pro Liter Saft rechnet man zwischen 700 und 800 g Zucker. Dieser wird nun im Holunder aufgelöst und so lange gekocht, bis der Saft nicht wie ein dünner Sirupfaden, sondern in breitem Strahl (Breitlauf) vom Kochlöffel rinnt. Den Saft in vorgewärmte Marmeladegläser abfüllen und sofort verschließen.

Die Früchte der Heckenrosen sind mühsam zu putzen, doch es lohnt sich:

Hagebutten – die Vitaminbomben

Botanischer Name:
Hundsrose oder Gemeine Heckenrose

Lat.: Rosa canina

Volksnamen:
In Deutschland: Heckenrose, Buttelrose, Dornröschen, Hagebuttenstrauch

In Österreich: Buttelrose, Hagrose, Hainrose, Hetschi-Petschi, Hainbutten, Heinzerlein, Rosendorn

In der Schweiz: Hagenbutte, Wilde Rose, Hagrose, Buttle, Dornrose, Frauenrose, Hetsch-Petsch, Däghüfe

Botanische Merkmale: Was wir Wilde Rose oder Heckenrose nennen, ist in fast allen Fällen die Hundsrose, obwohl in Mitteleuropa auch noch andere Wildrosen zu finden sind. Der Strauch wird bis zu fünf Meter hoch. Die Blätter sind wechselständig, gefiedert und gezähnt. An den Ästen finden sich zahlreiche sichelförmige, nach unten gebogene Stacheln. Zwischen Juni und Juli erscheinen die blaßrosa oder auch weißen, fein duftenden Blüten, die wohl jeder kennt, so daß sich eine nähere Beschreibung erübrigt. Die Früchte, die leuchtend roten Hagebutten, reifen im Oktober.

Standort: An sonnigen Waldrändern, entlang von Wegen, auf Waldschlägen, Feldrainen und Brachflächen in ganz Europa bis etwa 1600 Meter Höhe. Auf steinigem Grund sind die Früchte auffallend klein.

Verwendung in der Küche: Es bereitet keinerlei Schwierigkeiten, im Herbst beliebig Hagebutten in die Küche zu holen. Die viele Mühe, die das Sammeln, Putzen und Entkernen macht, wird reichlich durch den außergewöhnlich feinen Geschmack und den gesundheitlichen Wert belohnt. Hagebutten sind wahre Vitaminbomben. Außer dem hohen Anteil an Vitamin C enthalten sie auch noch die Vitamine A, B, E und K sowie wertvolle Fruchtsäuren und Spurenelemente.

Um Hagebuttenmark zuzubereiten, werden die Früchte im Oktober und November vor dem ersten Frost gesammelt, solange sie noch fest sind. Für die Zubereitung von Wein und Likör sollten die Hagebutten den ersten Frost hinter sich haben. Wenn nicht, kann durch kurzes Einfrieren nachgeholfen werden. Es lassen sich dann die Kerngehäuse im ganzen leicht aus den Früchten drücken. Die »Rosenfrüchte« können auch tiefgekühlt oder getrocknet werden.

Übrigens sind auch die Früchte von Gartenrosen verwendbar, freilich nur dann, wenn sie nicht mit Gift gespritzt wurden. Sie schmecken zwar nicht so pikant, sind dafür aber größer.

Gesundheitlicher Aspekt: Im Altertum und im Mittelalter galten Heckenrosen als wichtige Heilpflanzen. Die Anwendungsmöglichkeiten gerieten allerdings großteils in Vergessenheit oder werden von der modernen Medizin nicht anerkannt. Ein Tee aus Blütenblättern, Knospen und Blättern wirkt abführend und entwässernd. Was die Hagebutten so wertvoll macht, ist die Tatsache, daß der Vitamin-C-Gehalt auch beim Kochen nicht verlorengeht. Er verringert sich erst durch die Lagerung, weshalb zu empfehlen ist, Hagebuttenmark und Marmelade nicht länger als ein Jahr zu horten. Dann ist immerhin noch ein Viertel der ursprünglichen Menge an Vitamin C enthalten.

Die Basis: Hagebuttenmark

Für viele Hagebuttenrezepte benötigt man das Mark der roten Früchte als Basis. Dieses wird folgendermaßen zubereitet: Die frischen Hagebutten von Stielen und Blütenresten befreien, in der Mitte auseinanderschneiden und mit einem Kaffeelöffel entkernen, dann einige Male durchwaschen, um sie von den feinen Härchen an der Innenseite der Fruchthüllen zu befreien.

Die entkernten Fruchthälften läßt man nun über Nacht mit Wasser bedeckt stehen. Am nächsten Tag werden sie etwa 30 Minuten lang in ihrem Einweichwasser gekocht, leicht abgekühlt und durch ein Sieb gestrichen. Das Resultat ist Hagebuttenmark, das nun eingefroren werden oder – nochmals aufgekocht – heiß in Gläser abgefüllt und gut verschlossen wie Marmelade aufbewahrt werden kann.

Eine Mengenangabe mag für Hausfrauen von Nutzen sein: 1 kg Hagebuttenfruchtschalen ergibt fast 1 kg Hagebuttenmark.

Hagebutten-Suppe

(siehe Foto Seite 256)

Das ist ein in Frankreich überaus populäres, bei uns aber weitgehend unbekanntes Rezept. Hagebuttensuppe kann entweder warm, lauwarm oder kalt serviert werden. In letzterem Fall ist das Stärkemehl allerdings wegzulassen.

Für 4 Personen:

200 g Hagebuttenmark
100 g Apfelmus (oder geriebene frische Äpfel)
3/8 l Weißwein (oder Rosé)
2 EL Zucker
1 Prise Zimt
2 TL Stärkemehl
20 Hagebuttenhälften zum Garnieren

Das Hagebuttenmark wird mit dem Apfelmus vermengt, mit Wein übergossen, verrührt und erhitzt. Kurz vor dem Kochen das Zimtpulver und den Zucker einrühren. Die Speisestärke in 1–2 EL Wasser anrühren, in die Suppe gießen und bis zum Andicken kurz aufkochen. Zum Garnieren werden etwa 20 gut gewaschene Hagebuttenhälften mit Zucker und etwas gewässertem Wein weich gedünstet und in die Brühe gegeben.

Hagebuttenmarmelade

Für 4–5 Gläser:

800 g Hagebuttenmark (wie vorher beschrieben)
1,2 kg Zucker
Saft von 2 Zitronen
100 g Einmachhilfe

Das Hagebuttenmark mit dem Zitronensaft und dem Zucker zehn Minuten kochen. Die Einmachhilfe beigeben, das Ganze nochmals aufkochen und heiß in Marmeladegläser füllen. – Die Arbeit, die Hagebuttenmarmelade macht, lohnt sich: alle Mehlspeisen, für die säuerliche Marmelade vorgeschrieben ist, schmecken damit geradezu »königlich«.

Hagebutten zu Wild

(Statt Preiselbeeren)

Frische oder tiefgekühlte Hagebutten – auch getrocknete, wenn sie ein paar Stunden im Wasser eingeweicht wurden – lassen sich zu einer pikanten Sauce verarbeiten, die als vollwertiger Ersatz für Preiselbeeren zu Wildgerichten gelten kann.

250 g Hagebuttenschalen
$^{3}/_{8}$ l Weißwein (oder Rosé)
Zucker

Die Hagebutten werden in Wein mit Zucker weich gekocht – so lange, bis sie die Konsistenz von Preiselbeermarmelade haben – und kalt serviert.

Sauce Cumberland mit Hagebutten

Eine köstliche Variation der berühmten Sauce Cumberland, die vor allem zu Wild und Wildpasteten gereicht wird.

Für 4–6 Personen:

4 Stück Würfelzucker
1 ungespritzte Zitrone
1 Orange
300 g Hagebuttenmark
$^{1}/_{8}$ l Rotwein
Salz
Senfpulver (oder ganz milder Senf)

Die Würfelzucker-Stücke fest an der Zitronenschale abreiben, die Schale der Orange (ohne das Weiße) in hauchdünne Streifen schneiden (da heute fast keine ungespritzten Orangen mehr erhältlich sind, empfiehlt es sich, die kleinen Eßorangen – Kumquats – zu verwenden). Die Orangenschalen mit Zucker und Rotwein weich dünsten, abkühlen lassen und mit dem Hagebuttenmark verrühren. Zitronen- und Orangensaft beigeben, bis die gewünschte Konsistenz erreicht ist, etwas salzen, zuletzt Senfpulver (oder Senf) einrühren.

Hagebuttensauce

Eine pikante Beilage zur Fleischspeisen und Fondues.

Für 6 Personen:

170 g Hagebuttenmark
1 kleiner Apfel
$^{1}/_{16}$ l trockener Rosé
$^{1}/_{16}$ l Schlagsahne
1 TL Zucker
1 Prise Salz

Das Hagebuttenmark mit dem Rosé durchmischen. Den geschälten und entkernten Apfel fein reiben, Sahne steif schlagen. Alle Zutaten durchmischen, zuckern und mit ganz wenig Salz abrunden.

*Hausgemachter Wermutwein
und andere Rezepte
aus Großvaters Erfahrungsschatz:*

Alkoholisches aus Beeren und Kräutern

Wenn es darum geht, täglich etwas auf den Tisch zu bringen, waren stets die Frauen zuständig. Aber die Zubereitung von Schnäpsen, Likören und Weinen war zu allen Zeiten Männersache. Deshalb schöpfen auch wir ausnahmsweise aus dem »Erfahrungsschatz der Großväter«, um dem geneigten Leser zu sagen, wie er Wermutwein aus Beifuß, dem Wilden Wermut, herstellen kann, Likör aus den allseits bekannten Früchten des Schlehdorns oder »Rosenwasser« aus den Blütenblättern der Heckenrose. Einige alkoholische Getränke wurden bereits im Zusammenhang mit den einzelnen Pflanzen beschrieben, hier noch ergänzende Ratschläge für die Herstellung erfrischender, geschmackvoller alkoholischer Getränke, von denen viele auch noch gesund sind.

Holunderbeerwein

Für ca. 10 Flaschen:

3 l gerebelte Holunderbeeren
7 l Wasser
2 kg Zucker
20 g Hefe
Benötigt wird ein 10 l fassender Gärballon mit Gärrohr

Den Zucker im Wasser auflösen, kurz aufkochen, danach abkühlen lassen. Die Beeren werden in die lauwarme Zuckerlösung gegeben und bis kurz vor dem Aufwallen erhitzt. Das Ganze zugedeckt auskühlen lassen. In $^1/_4$ l Zuckerwasser die Hefe auflösen, in die Beerenmaische rühren und alles in den Gärballon füllen, der nun mit Kork und Gärrohr verschlossen wird. An einem mäßig warmen Ort (etwa 20 Grad) läßt man den Ansatz nun acht bis zehn Wochen lang gären. Die erste Gärphase verläuft stürmisch, so daß Wasser aus dem Glasrohr gedrückt wird. Dieses immer wieder ersetzen, damit keine Essigbakterien in das Gefäß gelangen. Nach der Gärzeit wird der Wein vom »Geläger«, den abgelagerten Beeren, mit einem Schlauch abgezogen und in peinlich saubere Flaschen abgefüllt. Nach vier Wochen Lagerung ist der Holunderwein trinkfertig.

Brennesselsuppe (Rezept siehe S. 37)

Hopfenspitzen mit Sauce hollandaise (Rezept siehe S. 74)

Huflattichrouladen. Oben: Huflattich. Unten: Breitwegerich
(Rezept siehe S. 124)

Bärlauchöl (Rezept siehe S. 156)

Gebackene Holunderblüten (Rezept siehe S. 165). Im Hintergrund: angesetzter Holundersekt (Rezept siehe S. 257)

Bärenklau-Kartoffelpüree (Rezept siehe S. 172)

Hagebutten-Suppe (Rezept siehe S. 243)

Sauerampfersauce (Rezept siehe S. 203) zu Tafelspitz und anderen Fleischspeisen

Holundersekt

(siehe Foto Seite 253)

Ein prickelndes, erfrischendes Getränk für heiße Tage.

Für 7 Flaschen:

5 bis 7 Dolden Holunderblüten (je nach Größe)
4,5 l Wasser
500 g Zucker
2 ungespritzte Zitronen
$^1/_4$ l Weinessig

Den Zucker in Wasser und Essig auflösen und in ein Fünfliterglas füllen. Die in Scheiben geschnittenen Zitronen und die Holunderblüten dazugeben, gut durchrühren und diese Mischung fünf Tage lang warm, möglichst in der Sonne, stehen lassen. Diesen Ansatz erst grob, dann fein filtern und in peinlich saubere dickwandige Flaschen füllen. Leere Sektflaschen, die von den Firmen ohnedies nicht zurückgenommen werden, eignen sich vorzüglich. Die Flaschen gut verkorken und am besten mit Draht zubinden, weil durch den nun folgenden Gärungsprozeß oft die Korken herausgetrieben werden. *Achtung:* Dünnwandige Flaschen können brechen!

Den Holundersekt, der nur ganz leicht alkoholisch ist, kühl und liegend aufbewahren. Er ist nach zwei Wochen trinkfertig, gewinnt aber durch längere Lagerung an Geschmack.

Ein weiteres klassisches Rezept für Holundersekt finden Sie auf der folgenden Seite.

Holundersekt

Für ca. 8 Flaschen:

7 Dolden Holunderblüten
6 l Wasser
1 kg Zucker
1/8 l Weinessig
1 ungespritzte Zitrone

Den Zucker in einem Teil des Wassers aufkochen, abkühlen lassen, das restliche Wasser, die Holunderblüten und die in Scheiben geschnittene Zitrone in ein großes Glas geben. Dieses soll drei Tage in der Sonne stehen.

2 EL Zucker in einem Pfännchen bräunen, mit dem Essig aufgießen und dies in die Flüssigkeit rühren. Den Ansatz in Flaschen abfüllen (bis 5 cm unter den Rand), diese drei Tage offen stehen lassen, dann fest verkorken.

Heidelbeerwein

Heidelbeerwein wird ebenso wie Holunderwein zubereitet. Anstatt 2 kg Zucker werden jedoch nur 1,5 kg genommen.

Was den Geschmack anlangt, wird dieser Wein vor allen anderen mit Wildbeeren zubereiteten von Kennern am meisten geschätzt.

Heidelbeergeist

Für ca. 1 Liter:

250 g frische Heidelbeeren
(oder *100 g getrocknete*)

werden in *1 l Korn- oder Obstbranntwein* vier Wochen lang angesetzt, danach gefiltert und in Flaschen gefüllt. Für diesen Heidelbeergeist – eine österreichische Spezialität – darf kein Zucker verwendet werden. Er gilt als ausgezeichnetes Mittel gegen Verdauungsstörungen.

Hagebuttenwein

Für ca. 2 Liter:

1 kg Hagebutten
$^3/_4$ kg Zucker
1 $^1/_2$ l abgekochtes, erkaltetes Wasser

Die Hagebutten nur von Stielen und Blütenresten befreien, waschen und mit dem Zucker in ein großes Glas geben. Das abgekochte kalte Wasser darübergießen und das Glas mit Leinen verschließen. Diesen Ansatz nun sechs Wochen lang stehen lassen, dann abseihen. Nach einem Tag zum Absetzen eventueller Schwebestoffe wird der Hagebuttenwein vorsichtig mit einem Schlauch abgezogen und in saubere Flaschen gefüllt. Diese gut verschließen und kühl lagern.

Hagebuttenlikör

Für ca. 5 Flaschen:

1 kg Hagebutten
1 l Kornbranntwein
½ l Weingeist
750 g Zucker
1 l Wasser

Die gereinigten Hagebutten (sie sollten weich sein und bereits den ersten Frost hinter sich haben) mit Korn und Weingeist ansetzen und vier bis sechs Wochen in einem gut verschlossenen Glas an einem warmen Ort ziehen lassen. Dann den Ansatz filtern und mit Zuckerwasser mischen, das aufgekocht und abgekühlt wurde. Den fertigen Likör in gut gereinigte Flaschen füllen und sofort verschließen.

Löwenzahnsekt

Ein erfrischendes Getränk mit allgemein stärkender und gesundheitsfördernder Wirkung.

Für ca. 11 Flaschen:

5 l Löwenzahnblüten
5 l Wasser
3 kg Zucker
jeweils Saft und Schalen von 2 unbehandelten Orangen und Zitronen
Hefe

Man sammelt so viele Löwenzahnblüten, wie gut zusammengepreßt in einen 5 l fassenden Topf passen. Die Blütenblätter aus den Körbchen zupfen und zusammen mit 5 l Wasser und den Schalen der Zitronen und Orangen 20–25 Minuten lang kochen. Den Saft durch ein Leinentuch filtern, noch heiß mit dem Zucker, dem Orangen- und Zitronensaft verrühren und auskühlen lassen.

In einer halb vollen Teeschale mit lauwarmem Wasser wird soviel Hefe verrührt, daß eine gesättigte, breiige Lösung entsteht. Diese füllt man zusammen mit dem Saft in ein großes Glas und läßt das Ganze fünf Tage lang an einem warmen Ort gären.

Die Flüssigkeit wird nun abermals durch ein Leinentuch gefiltert und in gebrauchte, peinlich sauber gewaschene Sektflaschen gefüllt und verkorkt. Auch die Korken müssen in kochendem Wasser sterilisiert werden.

Gut verschlossen und mit Draht zugebunden, werden die Flaschen im Keller dunkel gelagert – und zwar den Kopf nach unten. Zwei Monate später ist der Löwenzahnsekt trinkfertig und unbegrenzt haltbar. *Vorsicht:* Er schäumt beim Öffnen sehr stark.

Brennesselsamenwein

Weil in diesem Buch so viel von der Brennessel die Rede war, abschließend noch ein Rezept für einen Brennesselsamenwein, dem allgemein kräftigende und heilsame Wirkung zugeschrieben wird. Brennesselsamen gibt es heute als Tonikum, als allgemein stärkendes Mittel in Apotheken und Kräuterhandlungen.

Die gute Wirkung kannte schon der berühmte deutsche Apotheker Jacobus Theodorus Tabernaemontanus, der im 18. Jahrhundert lebte. Er berief sich auf den altgriechischen Arzt Dioscorides und schrieb: *»Wann man den Nesselsamen klein zerstosse und mit Honig vermische, darnach daselbst von einschlucke, sey er gut wider den kurtzen schwären Athem, dann er mache leichtlich auswerffen und reinige die Brust.«*

Kurz: Brennesselsamen wurde schon in früher Zeit als Mittel gegen Bronchitis und Erkältungen verwendet. So wirkt auch der folgende Wein.

Für den Wein:
10 g Brennesselsamen werden im Mörser zerstoßen, in *$^1/_2$ l naturbelassenem Wein* aufgekocht, auf 35–38 Grad abgekühlt, mit *1–2 EL Bienenhonig* vermischt und getrunken. Man muß schon eine beachtliche Menge Brennesseln sammeln, um daraus 100 g Samen zu erhalten. Diese würden für 5 l Wein reichen.

Das *Samensammeln* geht so vor sich: Etliche Sträuße Brennesseln werden im Spätsommer zum Trocknen aufgehängt und die abfallenden Samen auf einem ausgelegten sauberen Papier aufgefangen. Sobald die Pflanzen trocken sind, werden die an ihnen haftenden Brennesselnüßchen vorsichtig abgestreift. In trockenem Zustand nesseln, also »brennen«, die Pflanzen bekanntlich nicht mehr.

»Rosenwasser«

Die Blütenblätter der Heckenrose eignen sich sehr gut, um Schnäpsen ein feines Aroma zu geben. Für 1 l Kornbrand, Wodka, Whisky oder Weinbrand genügen 10 frisch erblühte Heckenröschen. Die Blütenblätter werden aus den grünen Kelchen gezupft und 10–14 Tage in den Schnaps eingelegt. Dann hat er bereits einen zarten Rosenduft angenommen.

Beifuß-Aperitif

Für 1 Liter:

1 l trockener Weißwein
3 Stengel (oder Rispen) vom Beifuß
3 Blätter Zitronenmelisse
(frisch oder getrocknet)
1 Pfefferminzblatt
1 EL Honig

Die Kräuter in den Wein geben, 12 bis höchstens 24 Stunden verschlossen ziehen lassen, abseihen und den Honig einrühren.

In einer Flasche kühl aufbewahren.

Dieser Aperitif ist appetitanregend und fördert die Verdauung durch die anregende Wirkung auf Leber und Galle.

Wie schon erwähnt, wird der Beifuß auch »Wilder Wermut« genannt und hat ähnliche Wirkungen wie Wermut. Es läßt sich daraus auch ein Wein herstellen, der den handelsüblichen Wermutsorten um nichts nachsteht.

Beifußwein

1 l Weißwein oder natursüßer Wein
(Samos, Malaga, Marsala)
2 EL Honig
1 TL Anis
2 Stengel Beifuß (Stiel und Blütenrispe),
etwa 15 bis 20 cm lang

Wenn naturbelassener Süßwein verwendet wird, braucht man den Honig nicht; auch der Anis entfällt dann.

Die Beifußtriebe sollten übertrocknet oder zumindest abgewelkt sein, weil sie erst dann ihr volles Aroma entwickeln. Sie werden in eine Flasche mit weiter Öffnung gesteckt und mit dem Wein übergossen. Die verschlossene Flasche bleibt zwei Tage zum Ziehen stehen. Dann werden die Zweige herausgenommen – und fertig ist der magenstärkende, appetitanregende Aperitif. Bei der Verwendung von herbem Weißwein wird $^1/_8$ l davon erwärmt, um den Honig darin aufzulösen. Der Anis kann – je nach Geschmack – entweder nur kurz in der Peniglösung ziehen oder mit dem Wein angesetzt werden.

Wie vorher beschrieben, kommen die Beifußtriebe in eine Flasche. Zuerst wird mit dem ungesüßten Wein aufgegossen, dann folgt der Honigwein. Die verschlossene Flasche bleibt 2–3 Tage warm stehen. Dann werden die Zweige des Beifußes entfernt, weil sie bereits genügend Aroma an den Wein abgegeben haben.

Schlehenlikör

Für ca. 2 Liter:

500 g Schlehdornfrüchte
500 g Zucker
$^1/_2$ l Wasser
2 x $^1/_2$ l Obst- oder Kornschnaps

Schlehen waschen und im Mörser zerstoßen. Einen Teil der Kerne entfernen. Den Zucker in kochendes Wasser leeren, auflösen und ausgekühlt mit $^1/_2$ l Branntwein vermischen. Über die zerstoßenen Schlehenfrüchte gießen. Diese Mischung bleibt vier bis fünf Tage gekühlt stehen, wird danach abgeseiht und einmal kurz aufgekocht. Neuerlich abkühlen lassen, mit dem zweiten $^1/_2$ l Obst- oder Kornschnaps aufgießen, in Flaschen füllen und kühl aufbewahren. Nach einem Monat Lagerung hat der Likör sein volles Aroma erreicht.

Gewürzter Schlehenlikör

Für gut 2 Liter:

500 g Schlehdornfrüchte
1/2 l Wasser
1 l Rotwein
3 Gewürznelken
1 Stück Zimtrinde
1 Päckchen Vanillezucker
1 l Korn (oder Wodka 38 %)
1/16 l Rum

Die Schlehenfrüchte gut waschen. Ein Viertel der Früchte in einem Mörser zerstoßen (die zerquetschten Kerne geben das Aroma). Den Rest der Früchte so zerdrücken, daß die Kerne ganz bleiben. Die Schlehen in 1/2 l Wasser einige Minuten aufkochen, abkühlen lassen, mit dem Rotwein übergießen und vier bis fünf Tage kühl ziehen lassen.

Im zweiten Arbeitsvorgang wird diese Mischung abgeseiht, zusammen mit Gewürznelken und Zimtrinde aufgekocht, wobei die Gewürze nach einer Minute herauszunehmen sind. Dann den Zucker einstreuen und fünf Minuten kochen. Zuletzt kommt Vanillezucker dazu. Nach dem Abkühlen Kornschnaps (oder Wodka) und den Rum mit der Essenz vermischen. Den fertigen Likör in Flaschen füllen und kühl im Keller lagern.

Klassische und extravagante Rezepte mit Walderdbeeren, Himbeeren, Heidelbeeren und Brombeeren:

Köstlichkeiten aus wilden Früchten

Ein Wildpflanzenkochbuch wäre nicht vollständig, würden wir nicht auch die wichtigsten Beerenfrüchte berücksichtigt haben. Was sich aus Walderdbeeren, Himbeeren, Heidelbeeren und Brombeeren alles an Köstlichkeiten zubereiten läßt, könnte ein ganzes Buch füllen. Wir bringen hier nur die wichtigsten klassischen und extravaganten Rezepte.

Gartenzüchtungen von Beerenpflanzen werden heute in großem Stil kultiviert und industriell genutzt, doch jeder Feinschmecker wird zustimmen: viele Gartenerdbeeren sind gut, Walderdbeeren sind im Aroma unvergleichlich besser. Das gilt auch für alle anderen Beeren.

Aus Gründen der Platzersparnis und zugunsten möglichst vieler Rezepte kann in diesem Fall auf alle botanischen Beschreibungen verzichtet werden, weil es wohl niemanden gibt, der diese Beeren nicht seit Kindestagen kennt. Nur am Rande sei erwähnt, daß die jungen Blätter all dieser Pflanzen auch Wildkräutersalaten beigemischt werden können. Und daß eine Kombination aus Blättern von Himbeere, Brombeere und Walderdbeere zu gleichen Teilen mit ein wenig Waldmeister einen vorzüglichen Haustee ergibt. Möglichst zeitig nach dem Austreiben werden die Triebspitzen und jungen Blätter gesammelt, auf Packpapier gelegt und im Schatten angetrocknet, dann mit Wasser bespritzt (am besten mit einem Wäschezerstäuber), damit sie fermentieren. Anschließend läßt man die Blätter trocknen, bis sie leicht zwischen den Fingern zerbröseln, und hebt sie in gut verschließbaren Gläsern auf.

Das nur als kurzer Hinweis, denn in diesem Kapitel wollen wir uns in erster Linie den Beeren widmen.

Walderdbeertorte

Für den Tortenboden:

150 g Butter
150 g Mehl
70 g Zucker
70 g fein geriebene Mandeln
1 Eigelb
1 Prise Salz
etwas Zimtpulver
ein wenig unbehandelte Zitronenschale
Schlagsahne zum Garnieren

FÜR DIE FÜLLUNG:

500 g Walderdbeeren
100 g Zucker
Saft von $^{1}/_{2}$ Zitrone
5 Blatt Gelatine

Einen Mürbteig zubereiten: Wichtig, daß kalte Butter verwendet und mit dem Mehl zwischen den Handflächen verrieben wird. Und daß möglichst schnell mit Zucker, Mandeln, Eigelb und den Gewürzen ein Teig geknetet wird. Geht dieser Arbeitsvorgang zu langsam vor sich, würde die Butter zerschmelzen und der Teig zerfließen. Nach einer halben Stunde im Kühlschrank dreiviertel des Mürbteiges auf dem Boden einer Tortenform zerdrücken, das restliche Viertel zu einer

Rolle formen und entlang des Tortenrandes andrücken. Den Teig mehrmals mit einer Gabel einstechen und bei mittlerer Hitze hellbraun backen.

Jetzt zur Tortenfüllung: 100 g der Walderdbeeren fein passieren, mit Zucker und Zitronensaft etwa zehn Minuten kochen, dann die in Wasser eingeweichten, ausgedrückten Gelatineblätter einrühren.

Auf den fertigen und abgekühlten Tortenboden 400 g frische Walderdbeeren gleichmäßig verteilen und mit dem flüssigen Erdbeergelee übergießen. Die Torte kühl stellen, vor dem Servieren beliebig mit Schlagsahne, grobem Zucker, Zitronenscheiben und ganzen Erdbeeren garnieren.

Walderdbeeren mit Zitrone

Es ist in unseren Breiten wenig bekannt, daß Erdbeeren, für etwa ein bis zwei Stunden in Zitronensaft eingelegt, noch gewaltig an Geschmack gewinnen. In Italien ist das eine gebräuchliche und beliebte Methode. Der Saft möglichst frischer Zitronen wird durch ein feines Sieb geseiht und beliebig mit Zucker abgeschmeckt. Damit übergießt man die sorgfältig gewaschenen und abgetropften Erdbeeren und rührt alle halben Stunden vorsichtig um.

Walderdbeeren bleiben im ganzen, Gartenerdbeeren werden je nach Größe halbiert oder geviertelt.

Walderdbeer-Cremetorte

Für den Teig:

140 g Zucker
140 g Mehl
4 Eier
2 Eigelb
40 g Butter
1 Prise Salz

FÜR DIE FÜLLUNG:

500 g Walderdbeeren
$^{3}/_{4}$ l Schlagsahne
100 g Staubzucker

Den Zucker mit den ganzen Eiern und den beiden Eigelben so lange im Wasserbad schlagen, bis eine dickflüssige Masse entsteht, dann unter ständigem Schlagen (oder Rühren mit dem Handmixer) abkühlen lassen. Das Mehl dazugeben und zuletzt die zerlassene Butter einrühren. Diese Masse in eine gut gebutterte und bemehlte Tortenform füllen und bei mittlerer Hitze backen (probeweise mit einer Nadel anstechen). Nach dem Erkalten die Torte einmal durchschneiden.

Für die Fülle die Waldbeeren passieren, mit dem Zucker vermischen und in die sehr steif geschlagene Sahne mischen. Diese Erdbeercreme auf den Tortenboden verteilen, die Torte zusammensetzen, den Rand und die Oberseite ebenfalls mit Creme bestreichen. Zuletzt mit einigen zurückbehaltenen ganzen Walderdbeeren gefällig verzieren.

Beeren-Parfait

Wir sind zwar mit Speiseeis aus industrieller Fertigung und aus guten italienischen Salons verwöhnt und reich versorgt. Gefrorenes, in der Fachsprache Parfait genannt, läßt sich jedoch relativ einfach auch zu Hause in der Küche herstellen. Mit wilden Beeren schmeckt es besonders gut.

Für 12 Personen:

350 bis 400 g Walderdbeeren (oder Himbeeren oder Heidelbeeren)
4 Eier
2 Eigelb
$^1/_8$ l Milch
150 g Staubzucker
Saft von $^1/_2$ Zitrone
$^1/_2$ l Schlagsahne

Die Beeren werden mit der Gabel zerdrückt und durch ein großes Sieb passiert, dann mit dem Zitronensaft vermischt und beiseite gestellt.

Die Eier zusammen mit Zucker und Milch zuerst im siedenden Wasserbad mit dem Schneebesen oder dem Handmixer dick schaumig rühren, doch keinesfalls zum Kochen bringen, weil die Eier sonst gerinnen. Dann die Rührschüssel in ein kaltes Wasserbad stellen und die Masse bis zum völligen Erkalten schlagen. Die passierten Beeren daruntermischen. In diese Creme nun vorsichtig steif geschlagene Sahne ziehen, sogleich in Metallformen füllen und im Tiefkühlfach oder in der Tiefkühltruhe gefrieren. Die Serviertemperatur sollte bei minus 10–15 Grad liegen. Die Metallformen werden vor dem Anrichten außen kurz warm abgespült, um die Parfaits zu stürzen.

Zum Himbeerparfait passen hervorragend flambierte Himbeeren (Rezept siehe S. 279).

Waldbeer-Quark-Torte

Für die Biskuittorte:

3 Eier
60 g Zucker
70 g Mehl
einige Tropfen Öl

Für die Fülle:

500 g passierter Magerquark (Topfen)
$^1/_2$ l Schlagsahne
$^1/_8$ l saure Sahne
4 Blatt Gelatine
250 g passierte Walderdbeeren
Vanillezucker
Staubzucker
geriebene Zitronenschale

Zum Garnieren:

Walderdbeeren

Die Eier mit Kristallzucker und Öl über Dampf lauwarm schlagen, kalt weiterschlagen, das Mehl vorsichtig einrühren und die Masse in eine Tortenform füllen. Bei Mittelhitze 25 Minuten goldgelb backen. Einige Stunden erkalten lassen und in zwei Böden schneiden. Springform am Rand mit leicht geöltem Papierstreifen auskleiden und eine Biskuithälfte einlegen.

Für die Fülle die steif geschlagene Sahne mit allen Zutaten (außer Gelatine) vorsichtig vermengen. Die Gelatine kalt einweichen, ausdrücken, auflösen und der Fülle etwas abgekühlt beigeben. Schnell verrühren. Die Masse in die Springform füllen, den zweiten Biskuitboden aufsetzen. Mit Staubzucker bestreuen, mit Schlagsahne und Erdbeeren garnieren.

Walderdbeer-Schaum

Für 4–6 Personen:

250 g Walderdbeeren
20 g Staubzucker
1 Spritzer Zitronensaft
$^1/_4$ l Schlagsahne

Die Erdbeeren waschen, gut abtropfen lassen, mit einer Gabel zerdrücken (oder im Mixer pürieren), dann mit dem Zucker und etwas Zitronensaft schaumig rühren.

Diese Erdbeersauce vorsichtig unter besonders steif geschlagene Schlagsahne ziehen, in Glasschalen anrichten und mit ein paar ganzen Walderdbeeren verzieren.

Walderdbeer-Creme

Für 6 Personen:

250 g Walderdbeeren
100 g Zucker
$^1/_2$ Päckchen Vanillezucker
5 Blatt Gelatine
$^1/_4$ l Schlagsahne
$^1/_{16}$ l Wasser

Einige Walderdbeeren für die Garnitur beiseite legen, den Rest passieren, mit Zucker und Vanillezucker vermischen. In wenig heißem Wasser die vorgeweichte Gelatine auflösen, in die passierten Beeren rühren, zuletzt die steif geschlagene Sahne vorsichtig untermischen. Die Creme wird in eine Glasschüssel gefüllt, kalt gestellt und vor dem Auftragen mit etwas Schlagsahne und ganzen Erdbeeren verziert.

Törtchen mit Walderdbeerschaum

Meisterkoch Peter Mayr empfiehlt dieses ausgezeichnete Dessert in seinem »Biologischen Kochbuch«.

Backform mit 8 Vertiefungen ∅ 7,5 cm,
Höhe 3,5 cm (z. B. eine Muffin-Form).

2 Eier
30 g Bienenhonig
45 g frisch gemahlenes Weizenvollwertmehl
30 g fein gehackte Nüsse
etwas Zimt
etwas Naturzitronenschale
etwas Meersalz
ca. 100 g frische Walderdbeeren

FÜR DEN ERDBEERSCHAUM:

200 g frische Walderdbeeren
1 TL Bienenhonig
1 Banane (100 g)

Eidotter mit Honig und Zitronenschale schaumig schlagen. Eiklar mit einer Prise Salz steif schlagen und mit Nüssen und dem Weizenmehl zugleich (mittels Schneebesen) unter die Dottermasse heben. Tortenformen mit zerlassener Butter auspinseln und die Masse zu $^{2}/_{3}$ einfüllen. Mit Erdbeeren belegen und im vorgeheizten Ofen (E-Herd 170 Grad) 20 Minuten backen.

Inzwischen für den Erdbeerschaum die Walderdbeeren in einer Kasserolle kurz anschwitzen und anschließend im Mixer mit Honig pürieren. Etwas Erdbeerschaum auf Desserttellern anrichten, die Törtchen aus der Form lösen und darauf stellen.

Walderdbeerpudding

200 g Walderdbeeren
$1\,^1/_2$ bis 2 Blatt Gelatine
$^1/_{16}$ l Schlagsahne
1 Prise Meersalz
15 g Bienenhonig
2 bis 3 feuerfeste Porzellanformen
(Timbales)
∅ 7 cm, Höhe 4 cm

Walderdbeeren waschen und abgetropft mit Honig mixen. Die in kaltem Wasser eingeweichten und ausgedrückten Gelatineblätter zugeben und die Masse über Wasserbad erwärmen. Danach abkühlen lassen und kurz vor dem Festwerden der Creme steif geschlagene Sahne unterheben. In mit kaltem Wasser ausgespülte Formen füllen, diese kühl stellen und nach dem Erkalten stürzen.

Weinchaudeau mit Walderdbeeren

Für 6 bis 8 Personen:

½ l trockener Weißwein (oder Rosé)
180–200 g Staubzucker
2 Eier
4 Eigelb
1 Spritzer Zitronensaft
1 Msp Salz
200–300 g Walderdbeeren

Alle Zutaten mit Ausnahme der Erdbeeren in einer Schüssel gut verrühren, dann im Wasserbad mit dem Schneebesen (oder dem Handmixer) so lange schlagen, bis eine sehr schaumige, dickflüssige Masse entsteht. Zuletzt die Walderdbeeren einrühren. Das Chaudeau in Glasschalen anrichten und sehr warm servieren.

Die Zubereitung dieses köstlichen Desserts ist nicht ohne Schwierigkeiten, die Temperatur muß beim Schlagen knapp unter dem Siedepunkt liegen. Ist sie zu gering, fällt das Chaudeau zusammen, weil die Eier nicht genug angezogen haben. Beginnt die Masse beim Schaumigrühren zu kochen, gerinnen die Eier. – Doch nach einem Versuch hat man den »Dreh« mit Sicherheit raus.

Walderdbeer-Bowle

Für 8–10 Personen:

600–700 g Walderdbeeren
150–200 g Staubzucker
3 Flaschen naturbelassener Weißwein
1 Flasche trockener Sekt

Sparen Sie nicht beim Einkauf von Wein und Sekt! Die beste Qualität ist gerade gut genug, um gemeinsam mit den kostbaren Walderdbeeren verwendet zu werden. Billiger Wein würde im Zusammenwirken mit den Fruchtsäuren Kopfschmerzen verursachen.

Frische Walderdbeeren (ungewaschen!) in ein Bowleglas füllen und mit einer Flasche Wein aufgießen. Nach einer Stunde mit dem restlichen, sehr kalten Wein auffüllen und erst kurz vor dem Servieren den Sekt so dazugießen, daß der Hals der Flasche in die Bowle getaucht wird. Als Dekoration können einige frische grüne Erdbeerblätter in der Bowle schwimmen.

Himbeercreme

Für 2 Personen:

1 Becher Bioghurt, Sanoghurt oder Joghurt
1 Blatt Gelatine
$^{1}/_{16}$ l Schlagsahne
80 g frische Himbeeren
20 g Bienenhonig
30 g Banane

Bioghurt in eine Schüssel geben. Gelatineblatt 3 bis 4 Minuten in kaltem Wasser einweichen, dann gut ausdrücken und über Dampf auflösen. Die Sahne mittelfest schlagen, unter weiterem Rühren flüssige Gelatine tropfenweise unterrühren und Sahne steif schlagen. Himbeeren sowie erwärmten Honig unter die Masse ziehen und die Schlagsahne zuletzt unterheben. Oder: Himbeeren mit Honig sowie Banane mixen, dann zur Grundcreme mischen und die Schlagsahne darunterheben.

Oder: Schlagsahne mit Bioghurt mischen und das Himbeermus schichtweise (weiß und rot) in Dessertschalen anrichten. Danach kurz kalt stellen und mit einer Schlagsahnerosette sowie ganzen Himbeeren garnieren.

Flambierte Himbeeren

Für 6 Personen:

400 g Himbeeren
10 g Butter
1 EL Honig
1 EL Zucker
1 EL Zitronensaft
Saft von $^1/_2$ Orange
2 EL Himbeergeist
3 EL Cognac (oder Weinbrand)
Vanilleeis, Himbeereis (oder Pudding)

Die Himbeeren bleiben ungewaschen oder müssen sehr gut abgetropft werden. Die Butter in einer Flambierpfanne schmelzen, den Zucker dazugeben und leicht karamelisieren lassen, dann den Honig dazurühren, mit Zitronen- und Orangensaft ablöschen. Diese Sauce eventuell mit noch etwas Zucker abschmecken und unter ständigem Rühren auf die Hälfte einkochen lassen. Die Himbeeren dazugeben und einmal kräftig aufkochen. Himbeergeist und Cognac aufgießen, sofort anzünden und flambieren. Nach dem Erlöschen der Flammen die heißen Himbeeren über Vanilleeis, Himbeereis (oder Pudding) gießen.

Heidelbeerpfannkuchen

Für 4–6 Personen:

500 g Heidelbeeren
150 g Mehl
3 Eier
50 g Zucker
$^{1}/_{4}$ l Milch
Salz
Fett oder Öl zum Ausbacken

Die Eier trennen, die Eigelbe mit dem Zucker schaumig rühren, salzen, das Mehl dazugeben und mit soviel Milch aufgießen, daß ein dicker Teig entsteht.

Die Eiklar zu steifem Schnee schlagen und zusammen mit den gut abgetropften Heidelbeeren unter den Teig mischen.

Mit einem Eßlöffel (oder einem kleinen Schöpfer) portionsweise Teig in heißes Fett geben und möglichst rasch zu handtellergroßen Plätzchen backen. Mit Zucker bestreut (eventuell auch mit Zimtpulver) möglichst heiß servieren.

Heidelbeerkompott

500 g Heidelbeeren
200 g Zucker (oder 4 EL Honig)
Saft von 1 Zitrone
$^{1}/_{16}$ l Rotwein
$^{1}/_{8}$ l Wasser

Die Beeren sauber putzen, waschen und mit wenig Wasser weich kochen. Nach und nach Zucker, Zitronensaft und zuletzt Rotwein zugießen, nochmals aufkochen und das Kompott im eigenen Saft abkühlen lassen.

Heidelbeerschnitten

Für 12 Portionen:

400 g Heidelbeeren
2 Eiklar
140 g Zucker

Für den Mürbteig:

180 g Mehl (halb glatt, halb griffig)
120 g Butter
60 g Zucker
1 Prise Salz
2 Eigelb

Die sehr kalte Butter in kleine Würfel schneiden und mit dem Mehl zwischen den Handflächen verreiben. Mit Zucker, Salz und den Eigelben möglichst schnell einen Teig zubereiten und diesen eine halbe Stunde im Kühlschrank ruhen lassen.

Den Mürbteig etwa $^1/_2$ cm dick auf einem Backblech verteilen. Mehrmals mit einer Gabel einstechen und bei milder Hitze hellgelb backen.

Unterdessen das Eiklar zu einem festen Schnee schlagen, den Zucker einrühren und vorsichtig die Heidelbeeren unterziehen. Diese Masse über den leicht abgekühlten Mürbteigboden streichen und bei mittlerer Hitze überbacken. Noch warm in rechteckige Stücke schneiden.

Anstelle von Heidelbeeren können bei diesem Rezept auch Walderdbeeren oder Brombeeren verwendet werden.

Heidelbeerkuchen

500 g Heidelbeeren
100 g Butter
100 g Zucker
100 g Mehl
2 Eier
etwas abgeriebene Zitronenschale
1 Prise Salz

Die Butter mit Zucker und den Eiern schaumig rühren, geriebene Zitronenschale zugeben und das Mehl untermischen. Diese Masse in eine gut bebutterte und bemehlte Kuchenform füllen. Obenauf kommen in einer dicken Schicht die gezuckerten Heidelbeeren. Den Kuchen bei mittlerer Hitze hellbraun backen. Erst nach dem Erkalten in Portionsstücke schneiden.

Heidelbeertüten

Für 15 bis 16 Tüten:

120 g Mehl
1/2 KL Backpulver
150 g Staubzucker
1 Päckchen Vanillezucker
3 Eier
3 EL kaltes Wasser
1 Spritzer Zitronensaft

FÜR DIE FÜLLE:

1/2 l Schlagsahne
2 Päckchen Vanillezucker
250 g Heidelbeeren

3 Eiklar mit 3 EL kaltem Wasser zu Schnee schlagen, Staubzucker und Vanillezucker langsam einrieseln lassen und zu einer steifen Masse verrühren. Eigelb und Zitronensaft leicht untermischen, Mehl mit Backpulver durch ein Sieb schütteln und in die Schaummasse mengen. Den Teig auf ein gebuttertes und bemehltes Backblech gießen und verstreichen, so daß 1/2 cm dicke Scheiben von etwa 10 cm Durchmesser entstehen. Diese im vorgewärmten Rohr goldgelb backen. Nach dem Herausnehmen sofort mit einem Messer ablösen und zu Spitztüten formen. Während diese auskühlen, die Fülle zubereiten: Süße Sahne steif schlagen, mit Vanillezucker süßen und mit den Heidelbeeren mischen. Diese Creme in die Tüten füllen und mit Heidelbeeren gefällig verzieren.

Für dieses Rezept können statt Heidelbeeren auch beliebige andere Beeren genommen werden.

Heidelbeerpudding

Für 4 Personen:

$^1/_8$ l Milch
15 g Honig
$1\,^1/_2$ bis 2 Blatt Gelatine
100 g Heidelbeeren
$^1/_{16}$ l Schlagsahne
1 Prise Meersalz

Milch und Honig in einer Kasserolle erwärmen. Gelatineblätter 3 Minuten in kaltem Wasser einweichen, ausdrücken und in Milch auflösen. Heidelbeeren mixen, durch ein Sieb streichen, zugeben und kühl stellen. Vor dem Steifwerden der Creme geschlagene Sahne unterheben, dann in kalt ausgespülte Formen füllen. Für ca. 1 Stunde in den Kühlschrank stellen und danach stürzen.

Heidelbeergrütze mit Vanillesauce

Ebenfalls ein Rezept des Meisterkoches Peter Mayr (aus: »Das biologische Kochbuch«, Wien-Stuttgart 1982).

Für 4 Personen:

FÜR DIE GRÜTZE:

80 g frische Heidelbeeren
50 g Banane
15 g Bienenhonig
$1\,^1/_2$ Blatt Gelatine

Für die Vanillesauce:

$^1/_8$ l Milch
15 g Bienenhonig
1 Ei
1 Blatt Gelatine
$^1/_{16}$ l Schlagsahne
$^1/_2$ Vanillestange
1 Prise Meersalz

Heidelbeeren und Banane mit Honig im Mixer pürieren. Gelatineblätter 4 Minuten in kaltem Wasser einweichen, gut ausdrücken und über Wasserdampf auflösen. Zur gemixten Grundmasse geben und diese ca. halbvoll in Dessertschalen (oder Gläser) füllen. Für ca. 1 Stunde in den Kühlschrank stellen. In der Zwischenzeit die *Vanillesauce* fertigen:

Vanillestange der Länge nach teilen, mit Milch aufkochen und vom Herd nehmen. Danach Honig sowie Eidotter mit einem Schneebesen unterziehen. Das eingeweichte Gelatineblatt gut ausdrücken und in der warmen Grundmasse auflösen. Die Creme in einem Rührkessel (mittels elektrischem Mixer) kalt rühren oder bis kurz vor dem Absteifen kühl stellen. Inzwischen Eiklar mit einer Prise Salz steif schlagen. Sahne ebenfalls steif schlagen und beides (kurz vor dem Steifwerden der Grundcreme) mit einem Schneebesen locker unterziehen. Die Gläser damit zu $^2/_3$ füllen. Mit einem Tupfen Schlagsahne und ganzen Heidelbeeren garnieren.

Feine Brombeercreme

Für 6 bis 8 Personen:

$^1/_2$ l Milch
$^1/_2$ Päckchen Vanille-Puddingpulver
50 g Zucker
150 g frischer, lockerer Quark
120 g Zucker
1 Päckchen Vanillezucker
2 Eier
300 g Brombeeren

Puddingpulver und Zucker mit der Milch verquirlen und zum Kochen bringen. In diese etwas dünne Vanillecreme den Quark, Zucker, Vanillezucker und Eigelb rühren. Dann die Masse in eine kalt ausgespülte Form füllen, die Brombeeren (große Früchte halbieren) untermischen und die Quarkspeise kalt stellen. In Schalen füllen, mit Brombeeren und steif geschlagenem Eischnee oder Schlagsahne garnieren.

Brombeertörtchen

Für 6 Personen:

6 Torteletts aus Blätterteig (oder Mürbteig)

FÜR DIE FÜLLE:

200 g Brombeeren
3 EL Honig
3 Eigelb
1 KL Cognac
$^1/_4$ l Schlagsahne
10 g Staubzucker
Mandelsplitter

Ein Viertel der Brombeeren mit der Gabel zerdrücken und mit Honig süßen. Eigelbe mit wenig Zucker schaumig rühren und mit dem Cognac vermischen. Sahne zu steifem Schnee schlagen. Die Hälfte davon mit den zerdrückten Brombeeren und der Eiermasse vorsichtig mischen und in die Torteletts füllen. Den Rest Schlagsahne mit der Spritztüte auf die Torteletts verteilen. Obenauf kommen ganze Brombeeren und Mandelsplitter.

Tip: **Beeren in Eiswürfel einfrieren**

Es ist ein effektvoller optischer Aufputz, wenn man Getränke im Sommer – ob mit oder ohne Alkohol – mit bunten Eiswürfeln kühlt. Und es ist ganz einfach: Ein paar Wildbeeren in jedes Fach der Eiswürfelschale legen, dann Wasser darüber gießen und in das Tiefkühlfach damit!

*Was sonst noch an Pflanzen aus Wald,
Feld und Wiese eßbar ist:*

Wildkräuterküche für Fortgeschrittene

»Nichts, was nicht eßbar ist«, sagen die Chinesen. Sie erfanden sogar Methoden, Fliegenpilze genießbar zu machen. Sie mischen Stücke getrockneter Tausendfüßler in Fleischgerichte – was übrigens ausgezeichnet schmeckt. Sie entdeckten, daß Schwalbennester, Haifischflossen und Seegurken genießbar sind. Das alles sind Erkenntnisse und Erfahrungen einer jahrtausendealten Geschichte voller Notsituationen.

Abgesehen von den bereits ausführlich beschriebenen Pflanzen, die wohl für den Hausgebrauch bei weitem reichen sollten, gibt es aus Wald, Feld und Wiese neben den Pilzen noch viele andere, wenig bekannte eßbare Pflanzen. Deren Bestimmung ist allerdings komplizierter, so daß, um alle Verwechslungen und Gefahren auszuschließen, unbedingt ein gutes Bestimmungsbuch zu Rate zu ziehen ist. Erfahrungsgemäß reicht ein einziges oft gar nicht aus.

Sie finden in alphabetischer Reihenfolge 16 weitere eßbare Kräuter – gedacht als Betätigungs- und Experimentierfeld für Fortgeschrittene in Sachen Wildkräutersammeln.

Bachbunge oder Quellenehrenpreis

Lat.: Veronica beccabunga

An Quellen, Bächen, an Ufern von fließenden und stehenden Gewässern ist die Bachbunge sehr häufig zu finden. Verwendbar ist der dicke, saftige, noch nicht blühende Stengel mit den Blättern. Der eigentümlich bitterscharfe Geschmack ist nicht jedermanns Sache, wird aber von Kennern als Würze für Rohkostsalate, Quarkaufstriche, für klare und gebundene Suppen geschätzt. Vor allem beim Kochen entwickelt sich der typische Eigengeschmack der Bachbunge. Wegen verschiedener Wirkstoffe und eines hohen Vitamingehalts ist sie eine wertvolle, stoffwechselfördernde Pflanze für Frühlingskuren.

Brunelle – große und kleine Brunelle

Lat.: Brunella vulgaris und Brunella grandiflora

Als Heilpflanze wurde früher die Große Brunelle bevorzugt, für die Küche sind beide Arten in gleicher Weise verwendbar, da im Geschmack kaum ein Unterschied besteht. Beide Arten kommen von Südschweden bis Nordspanien und Bulgarien vor. Wanderer, die den Geschmack schätzen, schneiden 2 bis 3 Pflanzen in kleine Stücke und würzen damit Butterbrote und Käse.

Verwendbar ist die Pflanze auch für Mischsalate, Kräutersuppen, Gemüsegerichte und Saucen.

Medizinisch hatte die Brunelle früher große Bedeutung bei Entzündungen des Mundes und des Rachens und wurde auch gegen Wundinfektion eingesetzt.

Echte Engelwurz, Waldengelwurz

Lat.: Angelica archangelica, Angelica silvestris

Die beiden Engelwurzarten kommen zwar in vielen mittelalterlichen Sagen vor, doch über ihre Inhalts- und Wirkstoffe ist noch kaum etwas bekannt. Sicher ist: Die Samen und Wurzeln, in Kräuterhandlungen erhältlich, sind für die Herstellung der besten Kräuterschnäpse und Kräuterliköre unentbehrlich. Deshalb an dieser Stelle ein überliefertes Rezept eines Engelwurz-Likörs, der auch »Vespétro« genannt wird und ein hervorragendes Mittel gegen verdorbenen Magen und Verdauungsstörungen ist:

Engelwurzlikör

Für gut 2 Liter:

80 g Engelwurzsamen (oder getrocknete Wurzeln)
10 g Anissamen
8 g Fenchelsamen
8 g Korianderkörner
$^1/_4$ l reiner Alkohol, 96prozentig
1,5 l Wasser
500 g Zucker

Die Samen werden im Mörser leicht zerstoßen und 10–14 Tage lang in Alkohol angesetzt. Dann löst man den Zucker in $1\,^1/_2$ l heißem Wasser auf und läßt dieses etwa fünf Minuten kochen. Den gefilterten Alkoholansatz mit der ausgekühlten Zuckerlösung mischen, den Likör abfüllen, möglichst in dunkle Flaschen, und liegend aufbewahren.

Auch die jungen Triebe und Blätter beider Engelwurzarten sind eßbar, und zwar gemischt mit anderen Wildgemüsen,

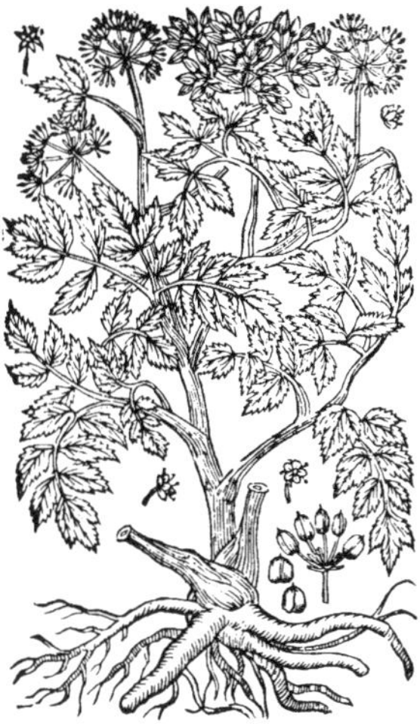

deren Zubereitung wir hinreichend beschrieben haben. Es sollten möglichst junge Triebe verwendet werden, was genaue Pflanzenkenntnis voraussetzt, weil diese wesentlich milder schmecken als die voll entwickelten Blätter.

In der einschlägigen Literatur wird angeraten, Engelwurz nicht mit bloßen Händen zu sammeln, sondern nur mit Handschuhen, weil der Saft der Pflanzen angeblich Hautreizungen verursacht. Viele Kräuterspezialisten zweifeln an dieser Feststellung. Ebenso wird dringend davor gewarnt, die Pflanzen roh zu essen. Doch die Lappen im Norden Norwegens schälen die jungen Triebe und schätzen sie als Vitaminspender – zumal sie sehr aromatisch nach Äpfeln schmecken.

Felsenmauerpfeffer, auch Tripmadam oder Salat-Fetthenne

Lat.: Sedum reflexum

Diese gelbblühende Fetthennenart, die zu den Dickblattgewächsen gehört, wächst meist an trockenen Standorten, in Felsritzen, auf alten Gemäuern und in steinigen, trockenen Wäldern. Die fleischigen Blätter und Triebe schmecken ausgeprägt säuerlich und können roh für Salate, gekocht auch für Saucen, als Gemüse für sich allein oder gemischt mit anderen Kräutern verwendet werden – beispielsweise zusammen mit Sauerampfer. Die geeigneten Rezepte dafür sind bereits besprochen.

Gleichermaßen ist auch die *Große Fetthenne (Lat.: Sedum telephium)* zu gebrauchen. Sie wurde in alten Zeiten sehr oft in Bauerngärten als Gemüsepflanze kultiviert, heute kennt man sie in erster Linie als reichblühende Zierpflanze. Die jungen, saftigen Dickblätter sind besonders gut (kleingeschnitten) in Kartoffelsalate zu mischen.

Glockenblume oder Rapunzel

Lat.: Campanula rapunculus

Die wenigsten werden wissen, daß auch die hübsche Glockenblume ein ausgezeichnetes Wildgemüse ist – nicht die Blüten, sondern die Blätter und Triebe, die von Spezialisten wegen ihres kräftigen Eigengeschmacks geschätzt werden. Viele sagen, Glockenblumen stehen den geschmackvollen Salatsorten um nichts nach. Auch die Wurzeln sind eßbar: Sie können gekocht Möhren, Sellerie und anderen Wurzelgemüsen beigemischt werden.

Hederich, Wilder oder Acker-Rettich

Lat.: Raphanus raphanistrums

Selbst für den Kenner ist es schwer, dieses Kraut zu jenem Zeitpunkt zu identifizieren, wenn es verwendbar ist, nämlich vor der Blüte. Der Wilde Rettich ist mit Ackersenf, Weißem Senf und sogar mit Barbarakraut verwechselbar, wenngleich auch ohne Schaden. Denn er schmeckt ähnlich wie diese, rettichartig scharf. Die rohen jungen Triebe erinnern im Geschmack stark an Radieschen, weshalb der Hederich in erster Linie eine von manchen geschätzte Salatpflanze ist. Wie erwähnt, sollten die Blätter vor der Blüte gesammelt werden. Ältere Pflanzen sind bitter. Man kann sie zwar zum »Entschärfen« in Salzwasser legen, sie verlieren dann aber viel von ihren wertvollen Wirkstoffen.

Kleiner Wiesenknopf oder Bibernelle

Lat.: Sanguisorba minor

Der kleine Wiesenknopf wurde früher als Würzkraut, vermutlich seit dem 16. Jahrhundert, in ganz Mitteleuropa in Hausgärten kultiviert. Eine Zeitlang war er vergessen, heute ist er wieder im Kommen und wird in Pflanzenhandlungen angeboten.

Die Wildform wächst auf Magerrasen, an Böschungen und Wegrändern und ist in ganz Europa bis hinauf nach Südschweden verbreitet und sehr häufig. Eine Verwechslungsmöglichkeit gibt es mit dem Großen Wiesenknopf. Dieser ist jedoch ebenfalls verwendbar, wenngleich nicht von solcher Würzkraft wie die kleine Art. Gesammelt werden die jungen Blätter und Triebe vor der Blüte. Die Verwendbarkeit in der Küche: als Würze zu allen Garten- und Wildkräutersalaten, für Suppen, Saucen, Eier- und Gemüsegerichte.

Der kleine Wiesenknopf läßt sich auch gut in Blumentöpfen am Fensterbrett ziehen. Wenn er oft zurückgeschnitten wird, sind stets frische junge Triebe verfügbar.

Knoblauchrauke, auch Lauchkraut

Lat.: Alliaria petiolata

Die Blätter der Knoblauchrauke ähneln jenen der Brennessel, sie besitzen aber keine »Brennhaare«, sondern sind rauh wie die Blätter der Taubnessel. Zerreibt man ein Blattstück zwischen den Fingern, fällt einem sofort das stark an Knoblauch erinnernde Aroma auf.

Die Knoblauchrauke ist überall in Europa zu finden, mit Ausnahme der mediterranen Gebiete. Sie liebt feuchte, schattige Standorte, Waldränder, Parks, Hecken und buschbestandene Raine. Am besten schmecken die jungen Blätter vor der Blüte. Sie geben Salaten, Gemüsegerichten und Saucen ein ähnliches Aroma wie Bärlauch oder Knoblauch, sind nur wesentlich zarter und weniger scharf. Die Samen können ähnlich wie Senfkörner verwendet werden.

Medizinisch anerkannt ist die antiseptische und wundheilende Wirkung der Knoblauchrauke. Manche Leute verwenden sie für Frühjahrskuren zusammen mit anderen Wildkräutern. Sammelzeit ist für die Blätter April bis Juni, für die Samen Juli bis August.

Wegwarte oder Zichorie

Lat.: Zichorium intybus

Die Älteren unter uns kennen die gerösteten Wurzeln der Zichorie als Kaffeeersatz aus schweren Zeiten. Man nannte das auch »Preußischen Kaffee«.

Die Wurzeln werden im Herbst gegraben, sind aber als »Delikatesse« ohne Bedeutung. Viel besser schmecken die lange vor der Blüte gesammelten Blattrosetten, die mit einem kleinen Stück der Wurzel abgeschnitten werden, so daß die einzelnen Blätter noch zusammenhängen. Sobald die allseits bekannten blauen Blüten erscheinen, schmecken die Blätter zu bitter. Wie der deutsche botanische Name Wegwarte verrät, findet sich die Pflanze sehr häufig an Wegrändern, aber auch auf Feldrainen und im Brachland.

Für die Küche eignen sich die jungen Blätter als Beigabe zu Salaten und Mischgemüsen.

Die Wegwarte ist eine seit der Antike beliebte Heilpflanze, die in der Volkskunde hauptsächlich gegen Leberleiden angewandt wird. Sie wirkt appetitanregend und blutreinigend.

Wiesenschaumkraut

Lat.: Cardamine pratensis

Die blaßlila, weiß oder rosa blühende Pflanze findet sich massenhaft ab April auf fetten, feuchten Wiesen, an Bachufern und in Flachmooren. Sie ist beinahe über ganz Europa verbreitet. Im Geschmack ähnelt Wiesenschaumkraut der Brunnenkresse und enthält ein ähnliches scharf schmeckendes ätherisches Öl. Die beste Sammelzeit ist vor der Blüte, die je nach klimatischen Verhältnissen Ende April oder Mai beginnt. Blätter und Stengelspitzen samt den Knospen eignen sich roh und fein gehackt für Quarkaufstriche, Weichkäse und Salatwürzen. Alle Rezepte, in denen Kresse oder Brunnenkresse angegeben sind, lassen sich auch in gleicher Weise mit Wiesenschaumkraut zubereiten. In der Volksmedizin gilt das Wiesenschaumkraut als hilfreich gegen trägen Stoffwechsel und wegen seines hohen Gehalts an Vitaminen und Mineralstoffen als allgemein gesundheitsfördernd.

Knopfkraut oder Franzosenkraut

Lat.: Galinsoga parviflora

Nach den Franzosenkriegen zu Beginn des vergangenen Jahrhunderts hat sich diese aus Peru und Ecuador eingeschleppte Pflanze unglaublich schnell verbreitet und ist zu einem kaum ausrottbaren Unkraut geworden, vor allem in Kartoffel- und Gemüseäckern. Der Vorteil für uns: Sie ist eßbar. Das erkennen wir dadurch, daß die blühenden jungen Pflanzen zumeist nebeneinander zu finden sind. Für die Küche sollten die jungen, sehr saftigen und nicht blühenden Triebe bis etwa Juli verwendet werden. Das Knopfkraut ist ein mildschmeckendes Wildgemüse, das ebenso wie Melde, Guter Heinrich oder Vogelmiere verarbeitet werden kann.

Löffelkraut

Lat.: Cochlearia officinalis

Vor allem deshalb, weil seine Verbreitung an salzhaltige, feuchte Böden gebunden ist, kennen nur wenige das Löffelkraut als wertvollen Vitaminspender. Man findet es an den Meeresstränden der Nord- und Ostsee, aber auch an salzhaltigen Binnengewässern wie dem Neusiedler See und dem Plattensee. Früher wurden die Pflanzen in großen Mengen von Schiffsbesatzungen eingesalzen und konserviert, weil sie über lange Zeit ihren Gehalt an Vitamin C behalten und Mangelkrankheiten bei langen Seereisen vorbeugen. Heute würden wir sie eher einfrieren. Löffelkraut schmeckt rettichartig scharf, weil es botanisch mit dem Meerrettich verwandt ist. Als Küchengewürz eignet es sich für Salate und Rohkostplatten ganz ausgezeichnet.

Nachtkerze

Lat.: Oenothera biennis

Die Existenz dieser Pflanze in Europa verdanken wir der Leitung des Botanischen Gartens von Padua in Italien. Samen wurden zu Beginn des 17. Jahrhunderts aus Nordamerika dorthin gebracht. Inzwischen hat die Nachtkerze ganz Süd- und Mitteleuropa erobert. Wenn sich bei Sonnenuntergang die meisten Blumenblüten schließen, öffnet die Nachtkerze einige ihrer goldenen Trichter für eine Nacht und den folgenden Tag.

Ehe die bekannte Schwanzwurzel in Gärten kultiviert wurde, war die Nachtkerze eine beliebte Gemüsepflanze, weil ihre dicken Wurzelstöcke ähnlich süßlich schmecken. Heute ist sie verwildert, fast überall auf nicht kultivierten Böden zu finden, in etwas »gemästeter Form« auch als Zierpflanze. Aus den gründlich gereinigten und abgeschabten Wurzeln der Nachtkerze (nach dem Säubern in Essigwasser legen!) können Salate, Brühen, Saucen und warme Speisen zubereitet werden. Beim Kochen färben sich die Wurzeln rosa, manchmal auch gelb, was mit dem Standort zusammenhängen dürfte. Die Frage ist noch ungeklärt. Sammelzeit ist der Herbst des ersten oder der Frühling des zweiten Jahres im Wachstumszyklus der Nachtkerze.

Schmalblättriges Weidenröschen oder Feuerkraut

Lat.: Epilobium angustifolium

Das Weidenröschen ist auf Kahlschlägen, an Waldrändern und auf Lichtungen sehr oft in großen Mengen zu finden. Die jungen Sprossen eignen sich für Salate oder können wie Spargel und wilder Hopfen zubereitet werden. Rezepte sind in reicher Zahl in diesem Buch zu finden. Wegen des leicht säuerlichen Geschmacks mischen Spezialisten Weidenröschen mit milden Kräutern aus dem Garten oder aus freier Natur. Zarte Blätter können auch noch im Sommer während der Blütezeit gesammelt werden. *Tip:* Köstlich schmeckt eine Béchamelsauce, in die gedünstete und passierte Weidenröschenblätter gemischt werden. Mit der Sauce können die weich gekochten, hopfenähnlichen Sprossen übergossen werden.

Portulak

Lat.: Portulaca oleracea

Der Portulak stammt mit großer Wahrscheinlichkeit aus China und wurde früher sehr häufig in Europa als Salatpflanze gezogen. Heute, wie manche meinen, viel zu selten.

Man trifft ihn weit eher in seiner verwilderten Form als »Unkraut«, wenngleich er diese Bezeichnung in keiner Weise verdient: Als Heilkraut regt Portulak den Stoffwechsel an, weil er wertvolle Vitalstoffe enthält. Für Feinschmecker ist er eine Gaumenfreude ersten Ranges. Die fleischigen, saftigen Stiele und Blätter haben einen würzigen, leicht salzigen Geschmack. Man sollte sie – wie die meisten wilden Salatpflanzen – vor der Blütezeit ernten. Sie werden durchwegs roh gegessen, junge Blätter und Triebe können auch wie Gurken oder Kapern in Essig eingelegt werden (siehe das Rezept »Gänseblümchen-Knospen als ›falsche‹ Kapern«, Seite 161).

Scharbockskraut oder Feigwurz

Lat.: Ranunculus ficaria

Es ist dies eine der ersten blühenden Pflanzen im Frühling. Scharbockskraut vermehrt sich in erster Linie durch Brutknöllchen, die in den Blattachseln entstehen, weit weniger durch Samen. Das Kraut schmeckt ausgeprägt säuerlich und wurde früher wegen seines hohen Vitamingehaltes gegen Skorbut auf den Speisezettel gesetzt. Heute wissen wir: Es sollte sparsam genossen werden, da es als Hahnenfußgewächs Giftstoffe enthält, wenngleich in sehr geringen Mengen. Deshalb wird empfohlen, nur die ganz jungen Blätter vor der Blüte zu sammeln und roh als Würzbeigabe in Mischsalaten zu essen. Beim Kochen wird Scharbockskraut sehr bitter. Fünf bis sechs junge Triebe genügen als Zugabe zu anderen Salatpflanzen für eine große Schüssel.

Das Konservieren von Wildpflanzen

In den einzelnen Kapiteln ist zum Großteil schon behandelt worden, welche Möglichkeiten wir haben, Wildgemüse und Würzpflanzen zu konservieren. Viele davon lassen sich einfrieren, dies am besten kurz blanchiert, um das Volumen zu verringern, oder auch halbfertig in Butter gedünstet. Getrocknet werden in erster Linie die stark aromatischen Pflanzen, um sie später als Gewürz zu verwenden, wobei es sich – wie schon erwähnt – als besonders vorteilhaft erwiesen hat, trockene Blätter mit Salz zu verreiben, weil dadurch die ätherischen Stoffe länger konserviert werden können. Auch das Einlegen in Essig oder Öl ist höchst empfehlenswert. In der folgenden Tabelle finden Sie auf einen Blick zusammengefaßt die entsprechenden Konservierungstips.

Konservierung	TROCKNEN	EINFRIEREN	EINLEGEN IN ESSIG	EINLEGEN IN ÖL
ACKERSENF			●	
BARBARAKRAUT			●	●
BÄRLAUCH			●	●
BEIFUSS	●		●	●
BEINWELL		●		
BRENNESSEL	●	●		
BRUNNENKRESSE				
DOST	●		●	●
ESELSDISTEL		●		
GÄNSEBLÜMCHEN			●	
GEISSFUSS	●	●	●	●
GUNDELREBE	●		●	●
GUTER HEINRICH		●		
HAGEBUTTEN	●	●		
HECKENROSE	●			
HIRTENTÄSCHEL	●	●		
HOLUNDERBEEREN		●	●	
HOLUNDERBLÜTEN	●		●	
HOPFENSPROSSEN		●		
HOPFENZAPFEN	●			

Konservierung	TROCKNEN	EINFRIEREN	EINLEGEN IN ESSIG	EINLEGEN IN ÖL
HUFLATTICH	●	●		
KLETTE		●		
LÖWENZAHNBLÄTTER	●			
LÖWENZAHNBLÜTEN	●			
MELDE		●		
NATTERNKOPF		●	●	
OCHSENZUNGE		●	●	
PASTINAKE	●	●	●	●
QUENDEL	●		●	●
SAUERAMPFER				
SCHAFGARBE	●		●	●
SCHLEHDORNFRÜCHTE	●	●	●	
SCHLÜSSELBLUME				
VEILCHEN	●		●	
VOGELMIERE				
WALDMEISTER	●	●		
WEGERICH				
WIESENBÄRENKLAU		●	●	●
WIESENBOCKSBART		●		
WIESENKNÖTERICH		●		

Register der deutschen Pflanzennamen

Register der lateinischen Pflanzennamen

Register der Rezepte

Falls Sie – aus eigenem Erfahrungsschatz oder aus Kochbüchern Ihrer Vorfahren – gute Spezialrezepte mit Wildpflanzen kennen, schicken Sie diese bitte an **Friedrich Graupe, Feldkellergasse 43, A-1130 Wien.** Die Rezepte werden getestet und bei Eignung in einer eventuellen, erweiterten Neuauflage dieses Buches unter Ihrem Namen veröffentlicht.

Literaturhinweise

Aichele, Dietmar, *Was blüht denn da?* Kosmos-Frankh'sche Verlagsbuchhandlung, Stuttgart 1977.

Dungl, Willi, *Gewürz- und Kräuterküche.* Verlag Orac, Wien 1983.

Furtenmeier, Dr. med. Martin, *Wunderwelt der Heilpflanzen.* F. P. Schwitter Holding AG, Zürich 1978.

Geheimnisse und Heilkräfte der Pflanzen. Verlag Das Beste GmbH., Stuttgart 1978.

Graf, Dr. Jakob, *Pflanzenbestimmungsbuch.* J. F. Lehmanns Verlag, 1967.

Helm, Eve-Marie, *Feld-, Wald- und Wiesenkochbuch.* Heimeran-Verlag, München 1978.

Kronen Zeitung Kochbuch. Verlag »Neue Kronen Zeitung«, Wien 1967.

Laux, Helga und Hans, *Kochrezepte für Naturfreunde.* Kosmos-Frankh'sche Verlagsbuchhandlung, Stuttgart 1981.

Mayr, Peter, *Das biologische Kochbuch.* Verlag Orac, Wien 1982.

Pahlow, Mannfried, *Das Große Buch der Heilpflanzen.* Verlag Gräfe und Unzer, München 1979.

Schauer, Dr. Thomas, / Caspari, Claus, *BLV Pflanzenführer in Farbe.* BLV-Verlagsges. m. b. H., München 1980.

Schneider, Dr. med. Ernst, *Nutze die Heilkraft unserer Nahrung.* Saatkorn-Verlag, Hamburg 1955.

Schneider, Dr. med. Ernst, *Nutze die heilkräftigen Pflanzen.* Saatkorn-Verlag, Hamburg 1963.

Tabernaemontanus, Jakobus Theodorus, *Neu Vollkommen Kräuterbuch.* König Johann Ludwig Verlag, Offenbach Main 1731.

Weidinger, Hermann Josef, *Heilkräuter anbauen, sammeln, nützen, schützen.* Verlag Molden 1981.

Willfort, Richard, *Gesundheit durch Heilkräuter.* Ludwig Trauner Verlag, Linz 1959.